AF175912

Impressum
Verlag: BABADADA GmbH, Nedderfeld 112 , 22529 Hamburg
Geschäftsführer / Verlagsleitung: Harald Hof
Druck: Books on Demand GmbH, In de Tarpen 42, 22848 Norderstedt

Imprint
Publisher: BABADADA GmbH, Nedderfeld 112 , 22529 Hamburg, Germany
Managing Director / Publishing direction: Harald Hof
Print: Books on Demand GmbH, In de Tarpen 42, 22848 Norderstedt

Schule

school

Klassenzimmer
klaslokaal
dividieren
delen
186/2
Tafel
bord
Schulhof
speelplaats
Lehrer
leerkracht
Papier
papier
schreiben
schrijven
Stift
pen
Schreibtisch
bureau
Lineal
liniaal
Buch
boek
Schüler
leerling

Schultasche

schooltas

Federmappe

pennenzak

Bleistift

potlood

Bleistiftspitzer

puntenslijper

Radierer

gom

Zeichenblock

tekenblok

Zeichnung

tekening

Pinsel

verfborstel

Malkasten

verfdoos

Schere

schaar

Klebstoff

lijm

Übungsheft

werkboek

Hausübung

huiswerk

12

Zahl

nummer

2+2

addieren

optellen

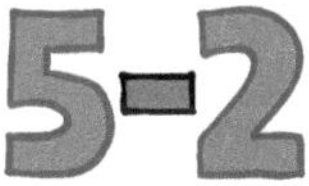
5-2

subtrahieren

aftrekken

2×2

multiplizieren

vermenigvuldigen

42

rechnen

rekenen

A

Buchstabe

letter

ABCDEFG
HIJKLMN
OPQRSTU
VWXYZ

Alphabet

alfabet

hello

Wort

woord

Text

tekst

lesen

Lezen

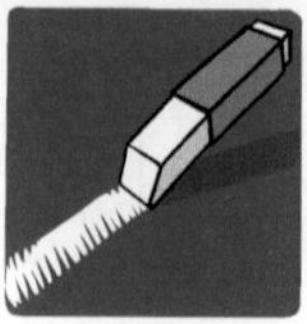

Kreide

krijt

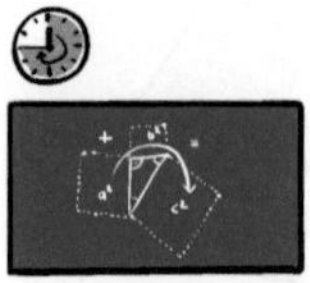

Unterrichtsstunde

les

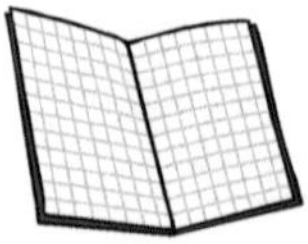

Klassenbuch

klassenboek

Prüfung

examen

Zeugnis

certificaat

Schuluniform

schooluniform

Ausbildung

onderwijs

Lexikon

encyclopedie

Universität

universiteit

Mikroskop

microscoop

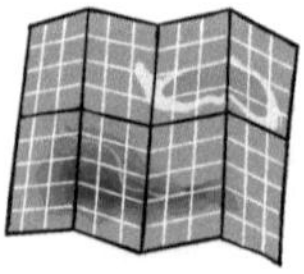

Karte

kaart

Papierkorb

papiermand

Reise

reis

Grand
Hotel
hotel
Herberge
jeugdherberg
ROOMS
EXCHANGE
Wechselstube
wisselkantoor
Koffer
koffer
Auto
auto

Sprache

Taal

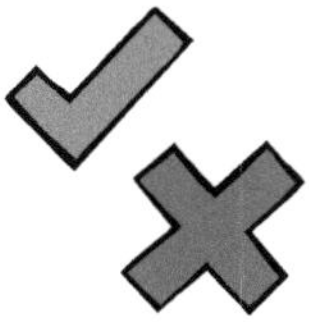

ja / nein

ja / nee

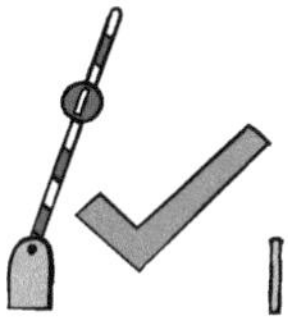

Okay

oké

Hallo

hallo

Dolmetscherin

vertaler

Danke

bedankt

Wie viel kostet …?

Hoeveel kost …?

Ich verstehe nicht.

Ik begrijp het niet

Problem

probleem

Guten Abend!

Goedenavond!

Guten Morgen!

Goedemorgen!

Gute Nacht!

Goedenavond!

Auf Wiederschaun!

Tot ziens

Richtung

richting

Gepäck

bagage

Tasche

zak

Rucksack

rugzak

Gast

gast

Zimmer

kamer

Schlafsack

slaapzak

Zelt

tent

Touristeninformation

toeristeninformatie

Strand

strand

BANK XY

Kreditkarte

kredietkaart

Frühstück

ontbijt

Mittagessen

lunch

Abendessen

avondeten

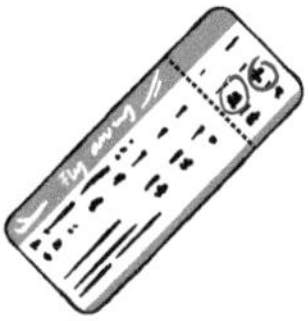

Fahrkarte

ticket

Lift

lift

70

Briefmarke

postzegel

Grenze

grens

Zoll

douane

Botschaft

ambassade

Visum

visum

PASSPORT

Pass

paspoort

Transport
transport

Flugzeug
vliegtuig
Schiff
schip
Feuerwehrauto
brandweerwagen
Bus
bus
Lastwagen
vrachtwagen
Motorboot
motorboot
Fahrrad
fiets
Auto
auto

Fähre

veerboot

Boot

boot

Motorrad

motor

Polizeiauto

politiewagen

Rennauto

racewagen

Mietwagen

huurauto

Carsharing

carpoolen

Abschleppwagen

sleepwagen

Müllwagen

vuilniswagen

Motor

motor

Kraftstoff

benzine

Tankstelle

benzinestation

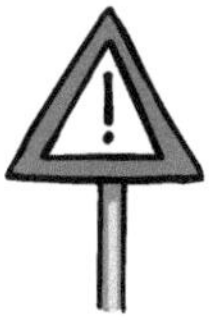

Verkehrsschild

verkeersbord

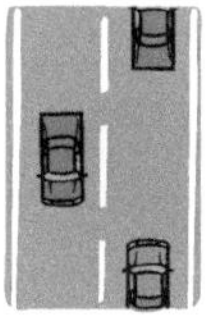

Verkehr

verkeer

Stau

file

Parkplatz

parkeerplaats

Bahnhof

station

Schienen

sporen

Zug

trein

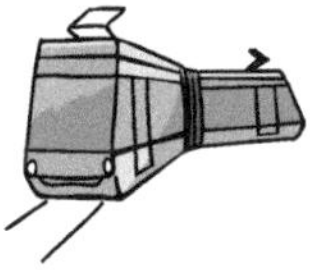

Straßenbahn

tram

Wagon

wagon

Hubschrauber

helikopter

Flughafen

luchthaven

Tower

toren

Passagier

passagier

Container

container

Karton

karton

Rollwagen

kar

Korb

mand

starten / landen

opstijgen / landen

Stadt

stad

Dorf

dorp

Stadtzentrum

stadscentrum

Haus

huis

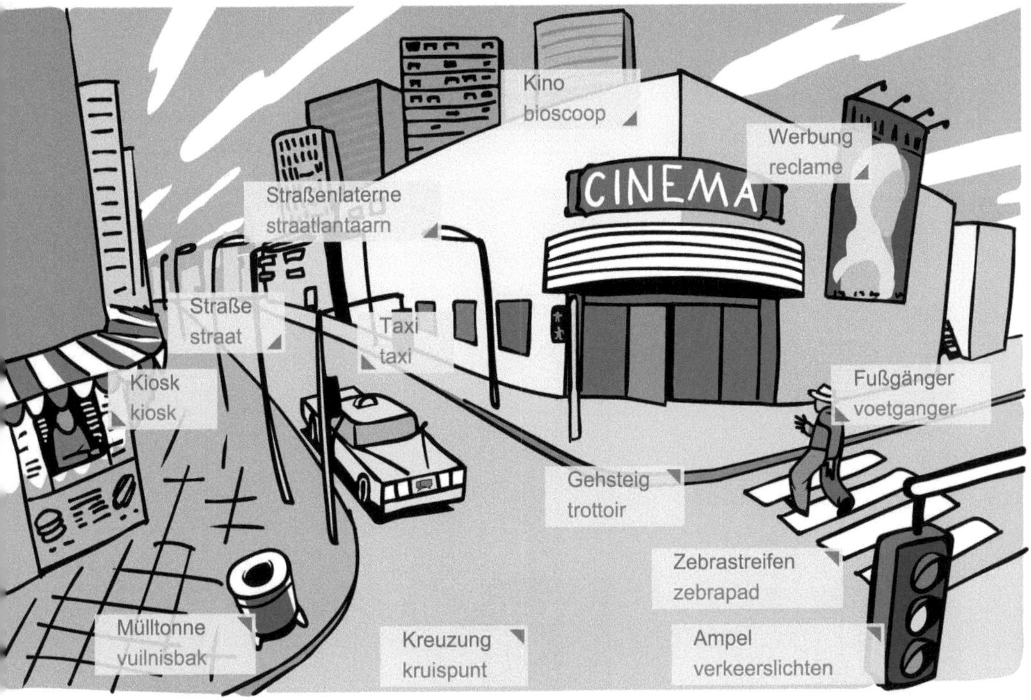

Kino
bioscoop
Werbung
reclame
CINEMA
Straßenlaterne
straatlantaarn
Straße
straat
Taxi
taxi
Kiosk
kiosk
Fußgänger
voetganger
Gehsteig
trottoir
Zebrastreifen
zebrapad
Mülltonne
vuilnisbak
Kreuzung
kruispunt
Ampel
verkeerslichten

Hütte

hut

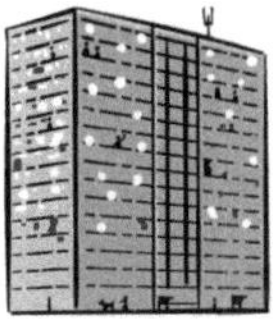

Wohnung

woning

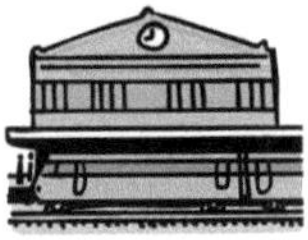

Bahnhof

station

Rathaus

stadshuis

MUSEUM

Museum

museum

Schule

school

Universität

universiteit

BANK

Bank

bank

Spital

ziekenhuis

Grand

Hotel

hotel

GOOD FOR HEALTH

Apotheke

apotheek

Büro

kantoor

BOOKS
B

Buchhandlung

boekwinkel

heute billig, morgen teuer!
5
10

Geschäft

winkel

FLOWERS

Blumenladen

bloemenwinkel

S

Supermarkt

supermarkt

Markt

markt

MALL
MALL

Kaufhaus

warenhuis

FISH

Fischhändler

vishandelaar

Einkaufszentrum

winkelcentrum

Hafen

haven

Park

park

Bank

bank

Brücke

brug

Stiege

trap

U-Bahn

metro

Tunnel

tunnel

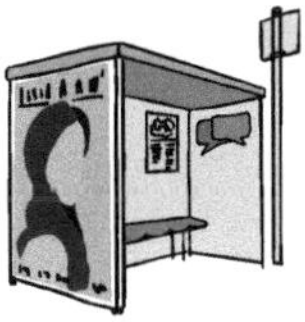

Bushaltestelle

bushalte

Bar

bar

CHEZ GERALD

Restaurant

restaurant

Briefkasten

brievenbus

Straßenschild

straatnaambord

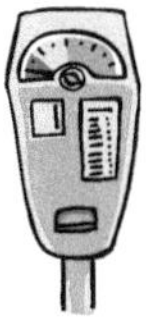

Parkuhr

parkeermeter

Zoo

zoo

Badeanstalt

zwembad

Moschee

moskee

Bauernhof

boerderij

Umweltverschmutzung

milieuverontreiniging

Friedhof

kerkhof

Kirche

kerk

Spielplatz

speelplaats

Tempel

tempel

Landschaft
landschap

Blatt
blad
Wegweiser
wegwijzer
Weg
weg
Wiese
weide
Stein
steen
Wanderer
wandelaar
Baum
boom
Fluss
rivier
Gras
gras
Blume
bloem

Tal

vallei

Hügel

heuvel

See

meer

Wald

bos

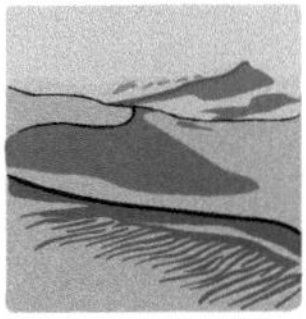

Wüste

woestijn

Vulkan

vulkaan

Schloss

kasteel

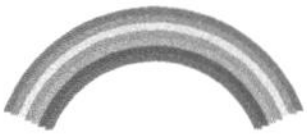

Regenbogen

regenboog

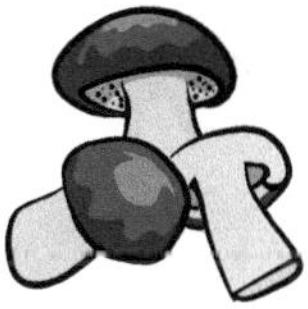

Pilz

paddenstoel

Palme

palmboom

Moskito

mug

Fliege

vlieg

Ameise

mier

Biene

bijl

Spinne

spin

Käfer

kever

Frosch

kikker

Eichhörnchen

eekhoorn

Igel

egel

Hase

haas

Eule

uil

Vogel

vogel

Schwan

zwaan

Wildschwein

wild zwijn

Hirsch

hert

Elch

eland

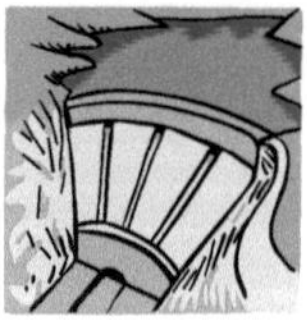

Staudamm

dam

Windrad

windturbine

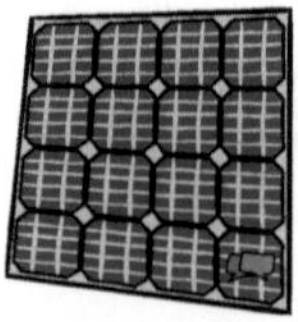

Solarmodul

zonnepaneel

Klima

klimaat

Restaurant
restaurant

Kellner
ober
Speisekarte
menu
Sessel
stoel
Suppe
soep
Pizza
pizza
Besteck
bestek
Tischdecke
tafelkleed

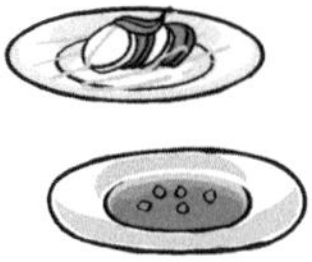

Vorspeise

voorgerecht

Hauptgericht

hoofdgerecht

Nachspeise

nagerecht

Getränke

drankjes

Essen

eten

Flasche

fles

Fastfood

fastfood

Streetfood

street food

Teekanne

theepot

Zuckerdose

suikerpot

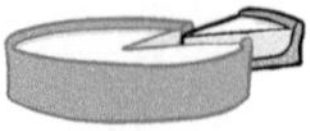

Portion

portie

Espressomaschine

espressomachine

Kinderstuhl

kinderstoel

Rechnung

rekening

Tablett

dienblad

Messer

mes

Gabel

vork

Löffel

lepel

Teelöffel

theelepel

Serviette

serviette

Glas

glas

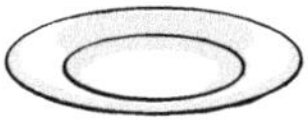

Teller

bord

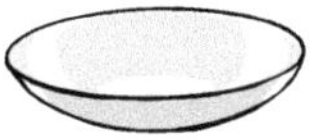

Suppenteller

soepbord

Untertasse

schoteltje

Sauce

saus

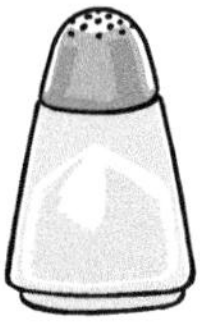

Salzstreuer

zoutvatje

Pfeffermühle

pepermolen

Essig

azijn

Öl

olie

Gewürze

kruiden

Ketchup

ketchup

Senf

mosterd

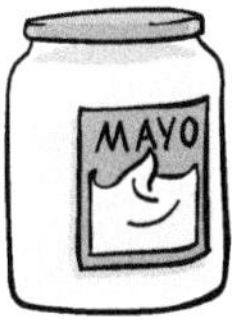
MAYO

Mayonnaise

mayonaise

Supermarkt
supermarkt

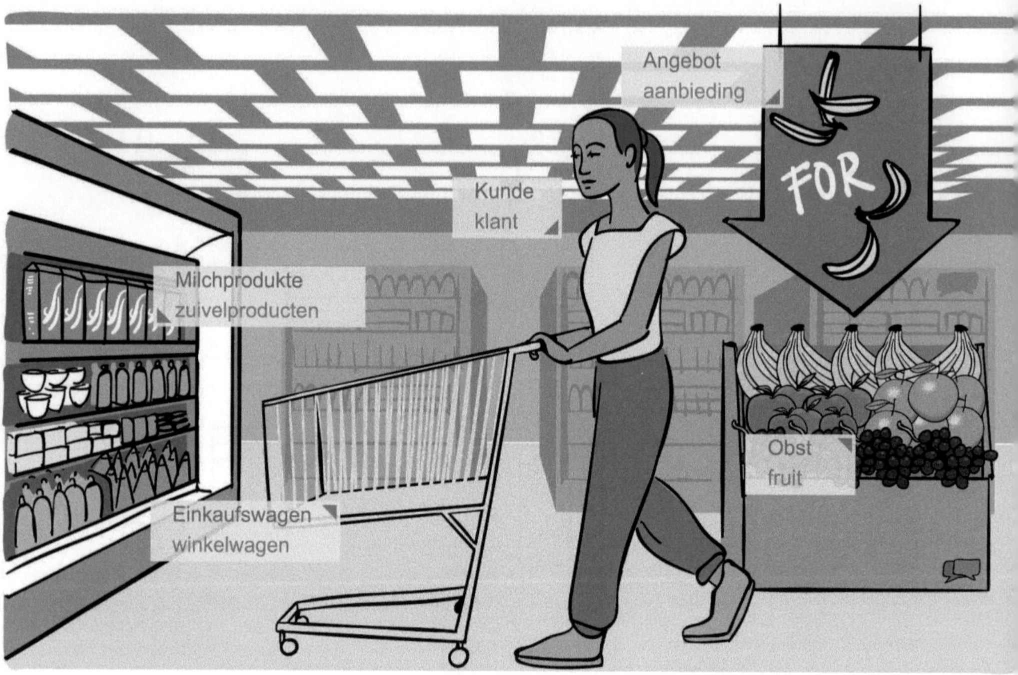

Angebot
aanbieding
FOR
Kunde
klant
Milchprodukte
zuivelproducten
Obst
fruit
Einkaufswagen
winkelwagen

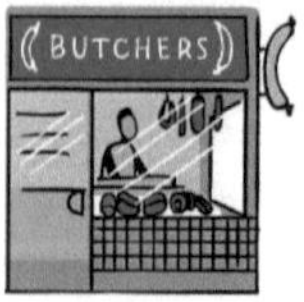

BUTCHERS

Schlachterei

slagerij

BAKERY

Bäckerei

bakkerij

wiegen

wegen

Gemüse

groenten

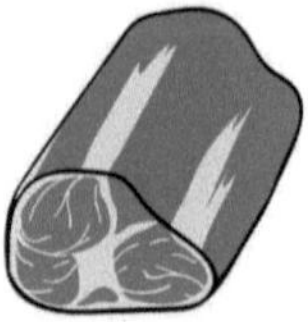

Fleisch

vlees

Tiefkühlkost

diepvriesvoedsel

Aufschnitt

charcuterie

Konserven

conserven

clean

Waschmittel

waspoeder

BON
BON

Süßigkeiten

snoep

Haushaltsartikel

huishoudproducten

Reinigungsmittel

schoonmaakproducten

Verkäuferin

verkoopster

Kassa

kassa

Kassiererin

kassier

Einkaufsliste

boodschappenlijstje

OPEN

Öffnungszeiten

openingstijden

Brieftasche

portefeuille

BANK XY
1234 5678 9012 3456

Kreditkarte

kredietkaart

Tasche

tas

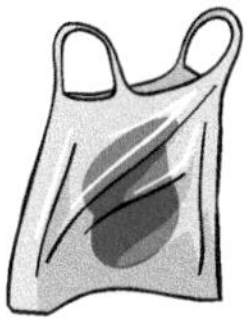

Plastiktüte

plastieken zakje

Getränke

drankjes

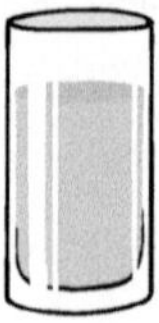

Wasser

water

Saft

sap

Milch

melk

Cola

cola

Wein

wijn

Bier

bier

Alkohol

alcohol

CACAO

Kakao

cacao

Tee

thee

Kaffee

koffie

Espresso

espresso

Cappuccino

cappuccino

Essen
eten

Banane
banaan

Apfel
appel

Orange
sinaasappel

Melone
meloen

Zitrone
citroen

Karotte
wortel

Knoblauch
knoflook

Bambus
bamboe

Zwiebel
ajuin

Pilz
champignon

Nüsse
noten

Nudeln
noodles

Spaghetti

spaghetti

Reis

rijst

Salat

salade

Pommes frites

frieten

Bratkartoffeln

gebakken aardappelen

Pizza

pizza

Hamburger

hamburger

Sandwich

sandwich

Schnitzel

kalfslapje

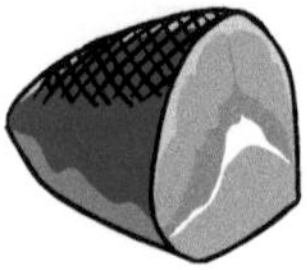

Schinken

ham

Salami

salami

Wurst

worst

Huhn

kip

Braten

braden

Fisch

vis

OATS

Haferflocken

havervlokken

MUESLI

Müsli

muesli

Cornflakes

cornflakes

405

Mehl

bloem

Croissant

croissant

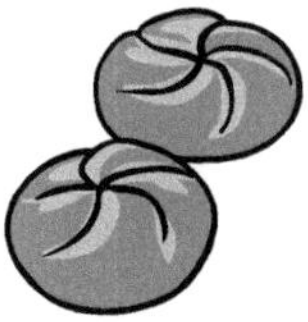

Semmel

pistolet

Brot

brood

Toast

toast

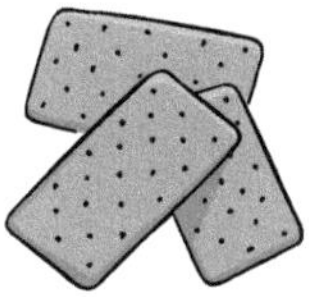

Kekse

koekjes

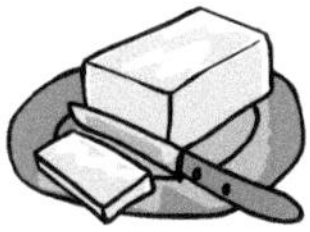

Butter

boter

Topfen

kwark

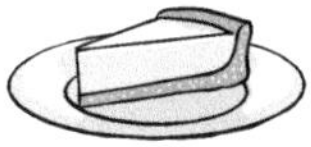

Kuchen

taart

Ei

ei

Spiegelei

spiegelei

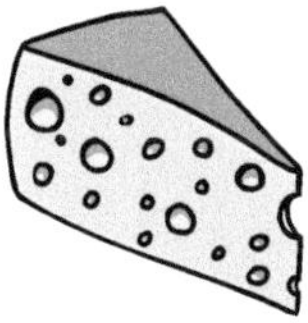

Käse

kaas

Eiscreme

ijs

Zucker

suiker

Honig

honing

Marmelade

confituur

Schokoladenaufstrich

choco

Curry

curry

Bauernhof
boerderij

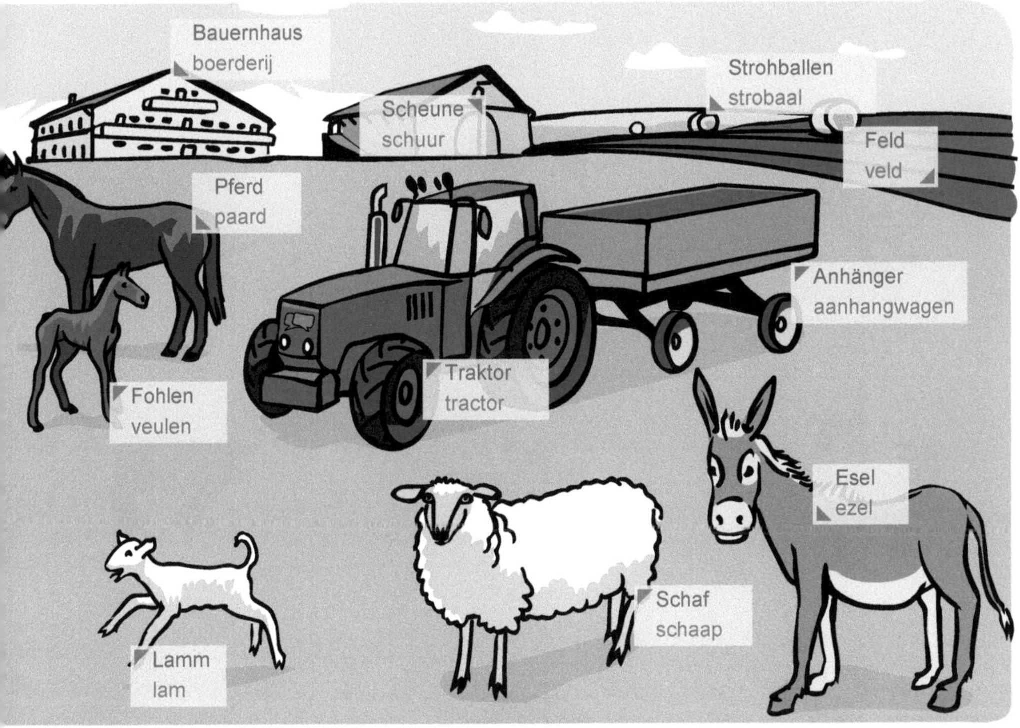
Bauernhaus
boerderij
Scheune
schuur
Strohballen
strobaal
Feld
veld
Pferd
paard
Anhänger
aanhangwagen
Traktor
tractor
Fohlen
veulen
Esel
ezel
Schaf
schaap
Lamm
lam

Ziege

geit

Kuh

koe

Kalb

kalf

Schwein

varken

Ferkel

biggetje

Stier

stier

Gans

gans

Ente

eend

Küken

kuiken

Huhn

kip

Hahn

haan

Ratte

rat

Katze

kat

Maus

muis

Ochse

os

Hund

hond

Hundehütte

hondenhok

Gartenschlauch

tuinslang

Gießkanne

gieter

Sense

zeis

Pflug

ploeg

Sichel

sikkel

Hacke

schoffel

Mistgabel

hooivork

Axt

bijl

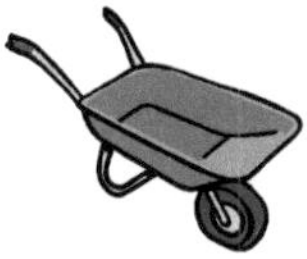

Schubkarre

kruiwagen

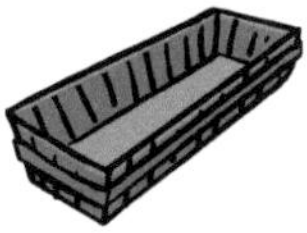

Trog

trog

Milchkanne

melkkan

Sack

zak

Zaun

hek

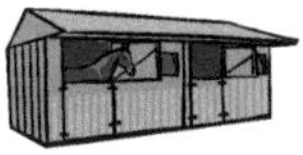

Stall

stal

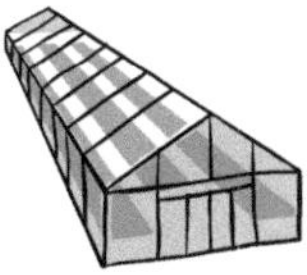

Treibhaus

broeikas

Boden

bodem

Saat

zaad

Dünger

mest

Mähdrescher

maaidorser

ernten

oogsten

Ernte

oogst

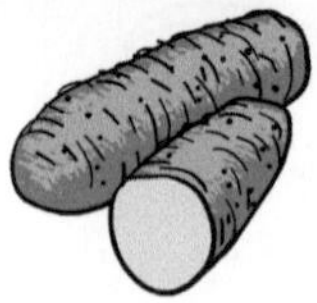

Yamswurzel

yam

Weizen

tarwe

Soja

soja

Erdapfel

aardappel

Mais

maïs

Raps

koolzaad

Obstbaum

fruitboom

Maniok

maniok

Getreide

graan

Haus
huis

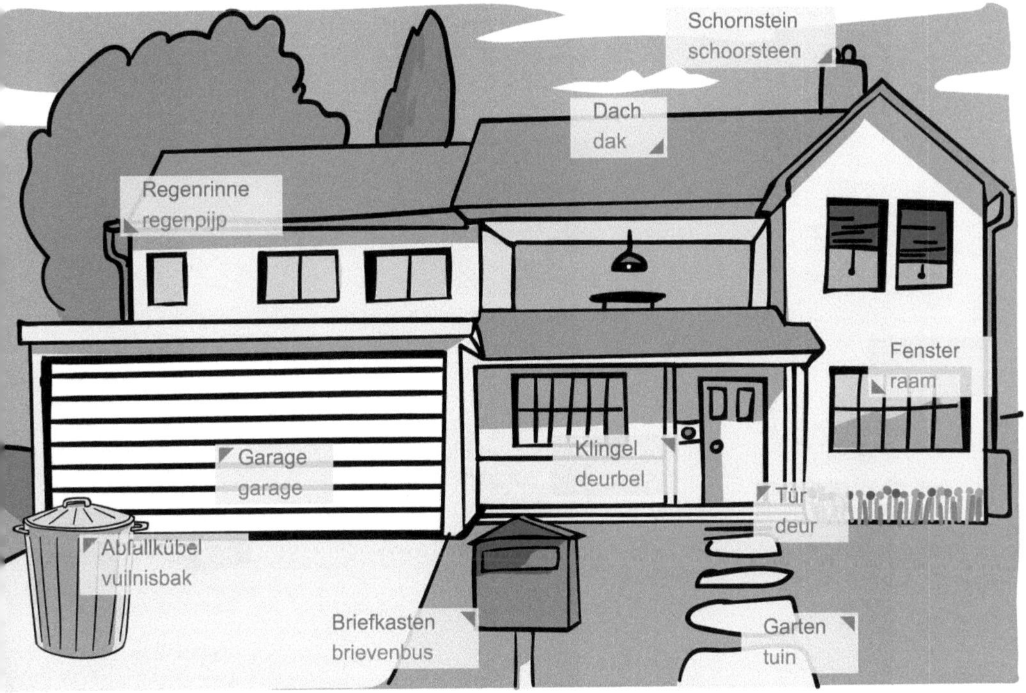
Schornstein
schoorsteen
Dach
dak
Regenrinne
regenpijp
Fenster
raam
Garage
garage
Klingel
deurbel
Tür
deur
Abfallkübel
vuilnisbak
Briefkasten
brievenbus
Garten
tuin

Wohnzimmer

woonkamer

Badezimmer

badkamer

Küche

keuken

Schlafzimmer

slaapkamer

Kinderzimmer

kinderkamer

Esszimmer

eetkamer

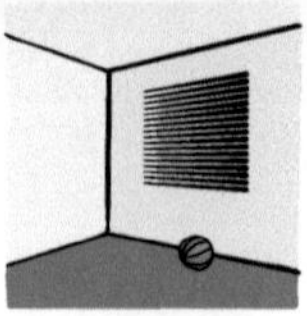

Boden

vloer

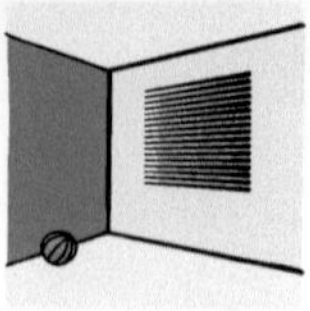

Wand

muur

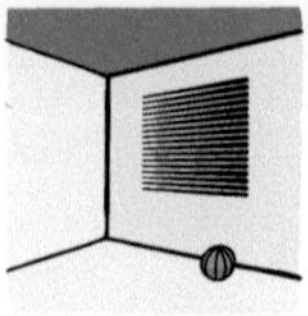

Decke

plafond

Keller

kelder

Sauna

sauna

Balkon

balkon

Terrasse

terras

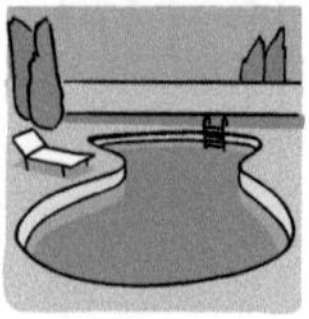

Schwimmbad

zwembad

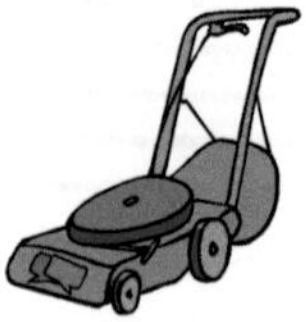

Rasenmäher

grasmaaier

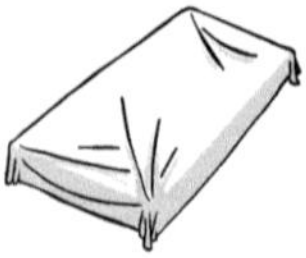

Bettbezug

dekbedovertrek

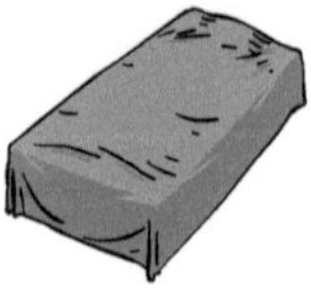

Bettdecke

dekbed

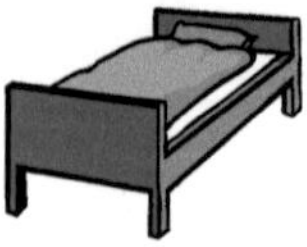

Bett

bed

Besen

bezem

Kübel

emmer

Schalter

schakelaar

Wohnzimmer
woonkamer

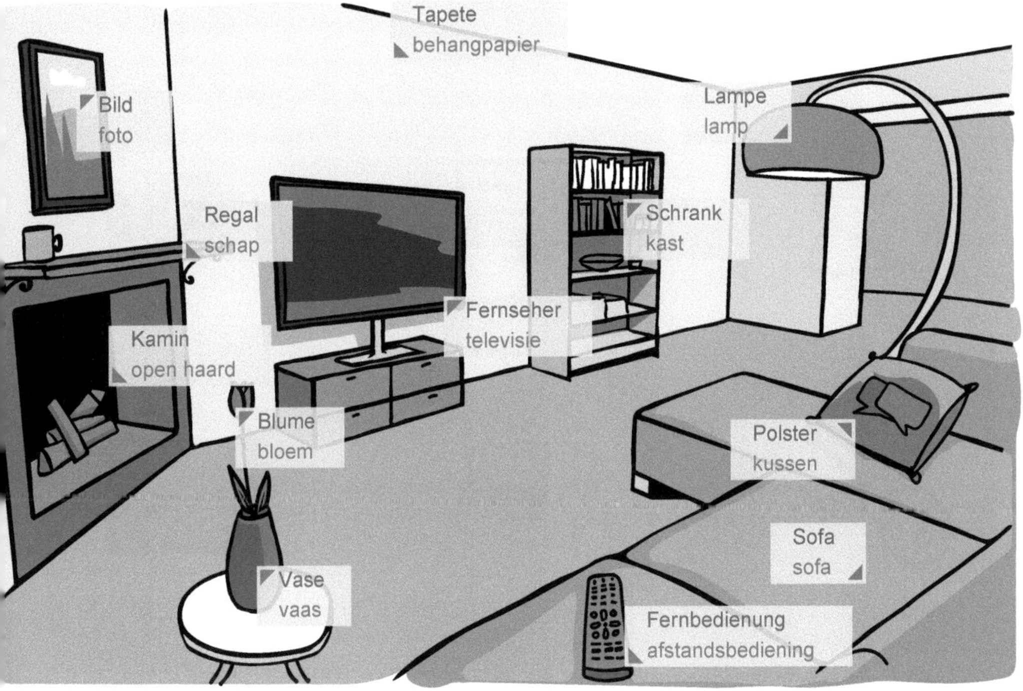
Tapete
behangpapier
Bild
foto
Lampe
lamp
Regal
schap
Schrank
kast
Fernseher
televisie
Kamin
open haard
Blume
bloem
Polster
kussen
Sofa
sofa
Vase
vaas
Fernbedienung
afstandsbediening

Teppich

mat

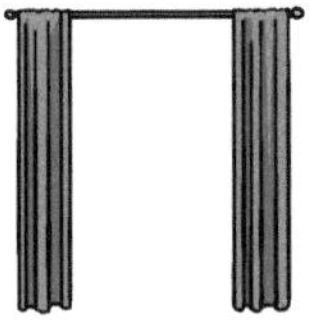

Vorhang

gordijn

Tisch

tafel

Sessel

stoel

Schaukelstuhl

schommelstoel

Sessel

fauteuil

Buch

boek

Decke

deken

Dekoration

decoratie

Feuerholz

brandhout

Film

film

Stereoanlage

stereo-installatie

Schlüssel

sleutel

Zeitung

krant

Gemälde

schilderij

Poster

poster

Radio

radio

Notizblock

notitieboekje

Staubsauger

stofzuiger

Kaktus

cactus

Kerze

kaars

Küche
keuken

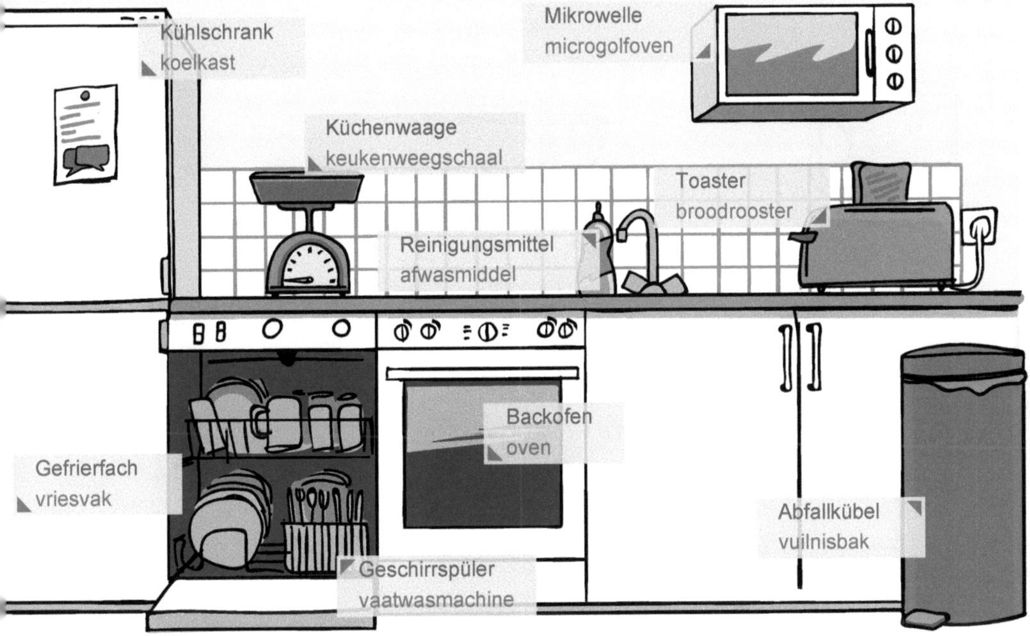
Kühlschrank
koelkast
Mikrowelle
microgolfoven
Küchenwaage
keukenweegschaal
Toaster
broodrooster
Reinigungsmittel
afwasmiddel
Backofen
oven
Gefrierfach
vriesvak
Abfallkübel
vuilnisbak
Geschirrspüler
vaatwasmachine

Herd

fornuis

Topf

pot

Eisentopf

gietijzeren pot

Wok / Kadai

wok / kadai

Pfanne

pan

Wasserkocher

waterkoker

Dampfgarer

stoomkoker

Backblech

bakplaat

Geschirr

servies

Becher

mok

Schale

kom

Essstäbchen

eetstokjes

Schöpflöffel

pollepel

Pfannenwender

spatel

Schneebesen

garde

Kochsieb

vergiet

Sieb

zeef

Reibe

rasp

Mörser

mortier

Grill

barbecue

Kaminfeuer

haardvuur

Schneidebrett

snijplank

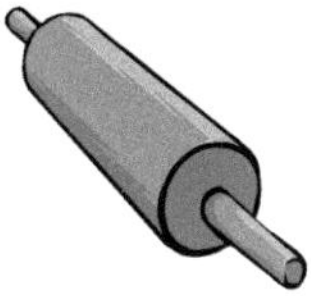

Nudelholz

deegrol

Korkenzieher

kurkentrekker

Dose

blik

Dosenöffner

blikopener

Topflappen

pannenlap

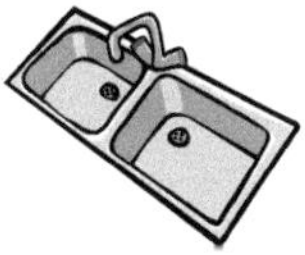

Waschbecken

gootsteen

Bürste

borstel

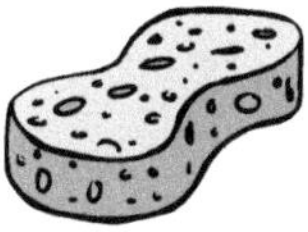

Schwamm

spons

Mixer

blender

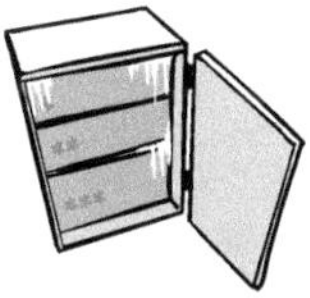

Gefriertruhe

vriezer

Babyflasche

papfles

Wasserhahn

kraan

Badezimmer

badkamer

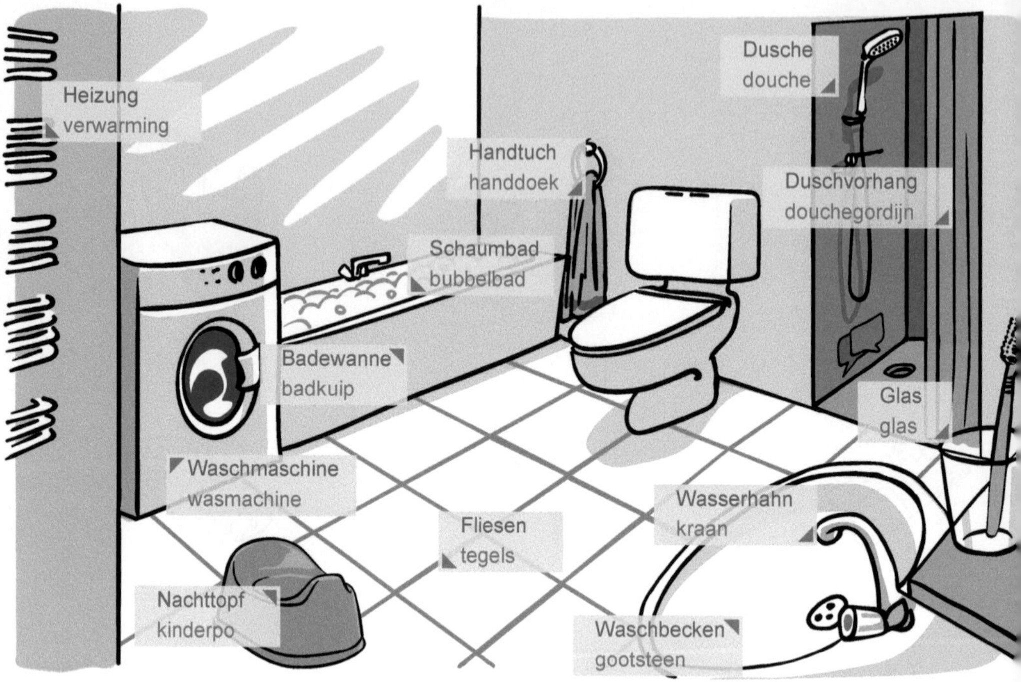

Heizung
verwarming
Handtuch
handdoek
Dusche
douche
Duschvorhang
douchegordijn
Schaumbad
bubbelbad
Badewanne
badkuip
Waschmaschine
wasmachine
Glas
glas
Wasserhahn
kraan
Fliesen
tegels
Nachttopf
kinderpo
Waschbecken
gootsteen

Klo

toilet

Hocktoilette

hurktoilet

Bidet

bidet

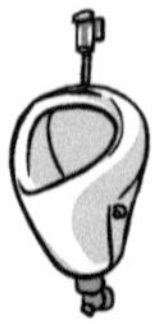

Pissoir

urinoir

Klopapier

toiletpapier

Klobürste

toiletborstel

Zahnbürste

tandenborstel

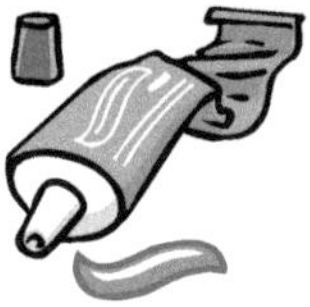

Zahnpasta

tandpasta

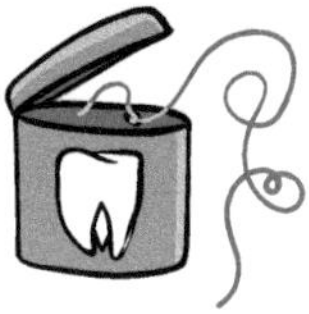

Zahnseide

flosdraad

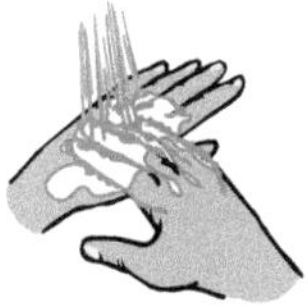

waschen

wassen

Handbrause

handdouche

Intimdusche

bidethanddouche

Waschschüssel

waskom

Rückenbürste

rugborstel

Seife

zeep

Duschgel

douchegel

Shampoo

shampoo

Waschlappen

washandje

Abfluss

afvoer

Creme

crème

Deodorant

deodorant

Spiegel

spiegel

Kosmetikspiegel

handspiegel

Rasierer

scheermes

Rasierschaum

scheerschuim

Rasierwasser

aftershave

Kamm

kam

Bürste

borstel

Föhn

haardroger

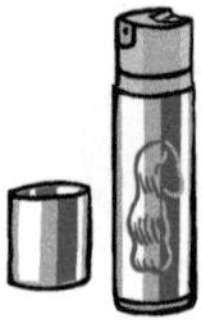

Haarspray

haarlak

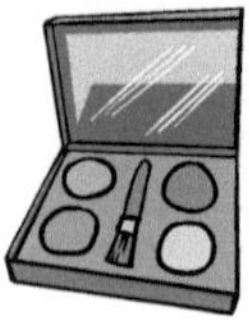

Makeup

make-up

Lippenstift

lippenstift

Nagellack

nagellak

Watte

watten

Nagelschere

nagelknipper

Parfum

parfum

Kulturbeutel

toilettas

Hocker

kruk

Waage

weegschaal

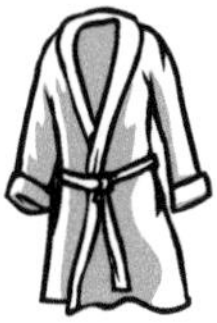

Bademantel

badjas

Gummihandschuhe

latex handschoenen

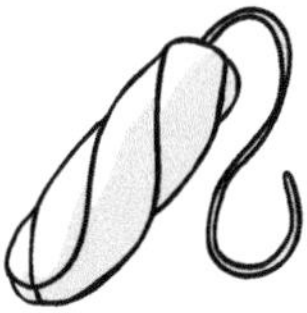

Tampon

tampon

Damenbinde

maandverband

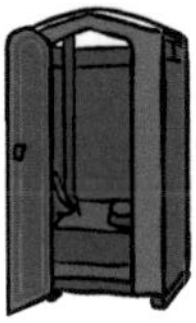

Chemietoilette

chemisch toilet

Kinderzimmer
kinderkamer

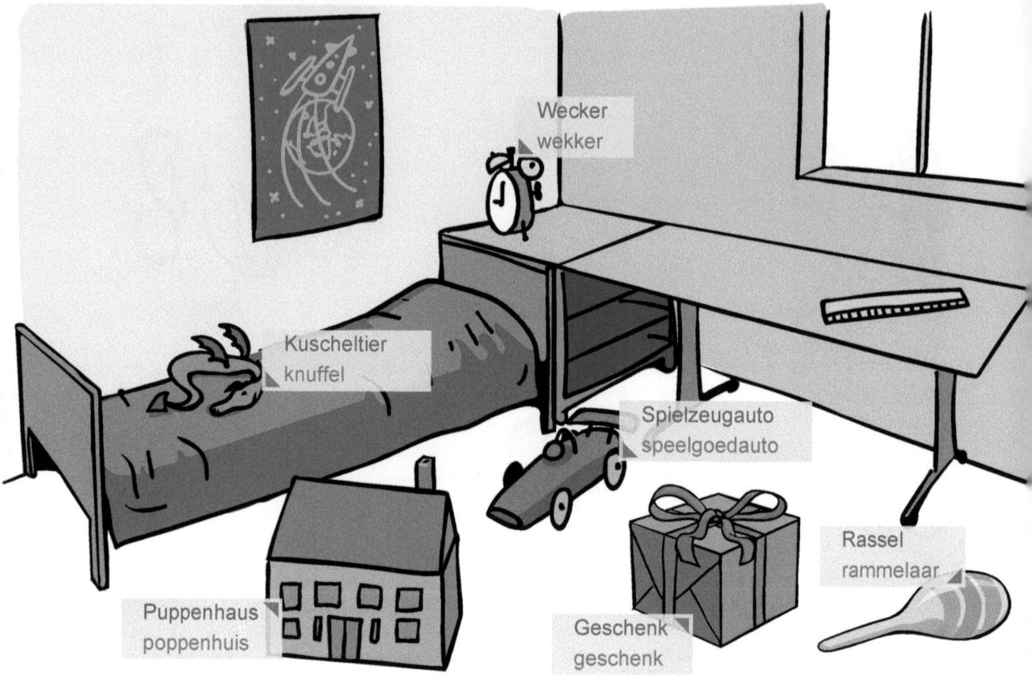
Wecker
wekker
Kuscheltier
knuffel
Spielzeugauto
speelgoedauto
Rassel
rammelaar
Puppenhaus
poppenhuis
Geschenk
geschenk

Ballon
ballon

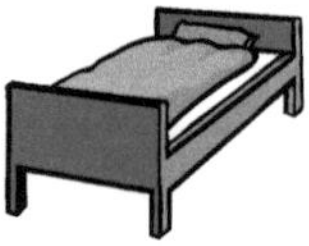

Bett
bed

Kinderwagen
kinderwagen

Kartenspiel
spel kaarten

Puzzle
puzzel

SUPER
MEGA

Comic
stripboek

Legosteine

legoblokjes

Bausteine

blokken

Actionfigur

actiefiguur

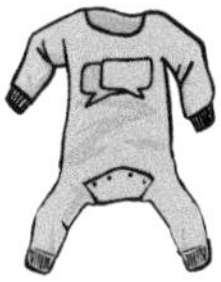

Strampelanzug

kruippakje

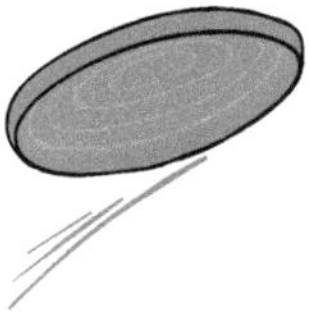

Frisbee

frisbee

Mobile

mobiel

Brettspiel

bordspel

Würfel

dobbelsteen

Modelleisenbahn

modelspoorweg

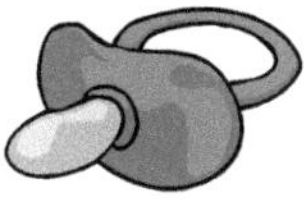

Schnuller

fopspeen

Party

feest

Bilderbuch

prentenboek

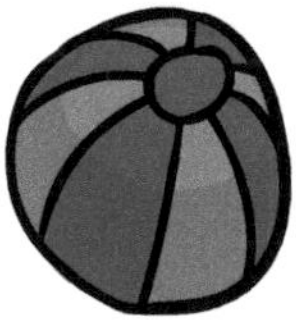

Ball

bal

Puppe

pop

spielen

spelen

Sandkasten

zandbak

Schaukel

schommel

Spielzeug

speelgoed

Spielkonsole

spelconsole

Dreirad

driewieler

Teddy

knuffelbeer

Kleiderschrank

kleerkast

Kleidung

kleding

Socken

sokken

Strümpfe

kousen

Strumpfhose

maillot

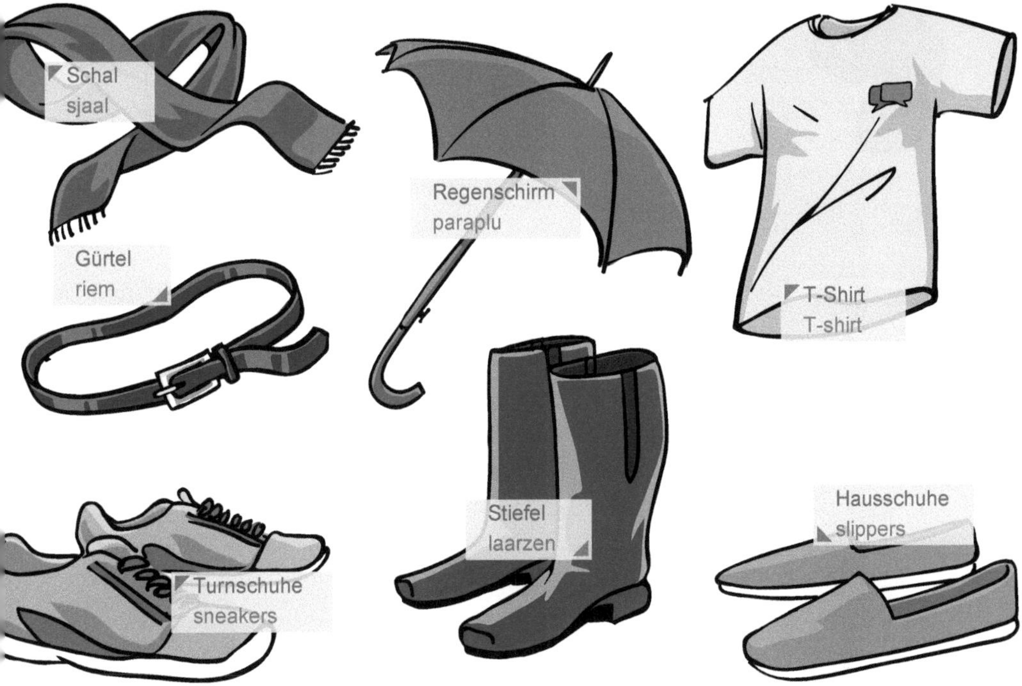
Schal
sjaal
Regenschirm
paraplu
T-Shirt
T-shirt
Gürtel
riem
Stiefel
laarzen
Hausschuhe
slippers
Turnschuhe
sneakers

Sandalen

sandalen

Schuhe

schoenen

Gummistiefel

rubberlaarzen

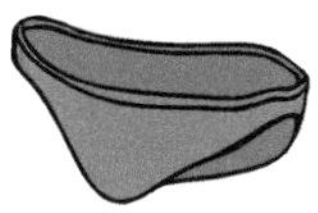

Unterhose

onderbroek

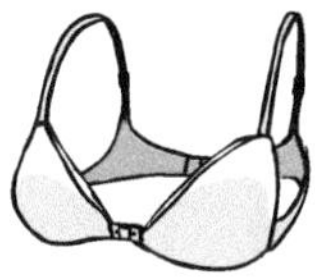

Büstenhalter

beha

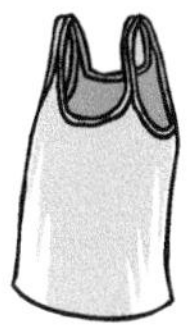

Unterhemd

onderhemd

Body

lichaam

Hose

broek

Jeans

jeans

Rock

rok

Bluse

blouse

Hemd

hemd

Pullover

trui

Kapuzenpullover

capuchontrui

Blazer

blazer

Jacke

jas

Mantel

jas

Regenmantel

regenjas

Kostüm

kostuum

Kleid

jurk

Hochzeitskleid

trouwjurk

Anzug

pak

Nachthemd

nachthemd

Pyjama

pyjama

Sari

sari

Kopftuch

hoofddoek

Turban

tulband

Burka

boerka

Kaftan

kaftan

Abaya

abaya

Badeanzug

badpak

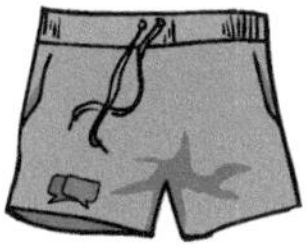

Badehose

zwembroek

kurze Hose

short

Jogginganzug

trainingspak

Schürze

schort

Handschuhe

handschoenen

Knopf

knoop

Brille

bril

Armband

armband

Halskette

ketting

Ring

ring

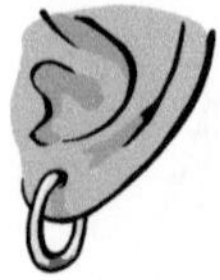

Ohrring

oorbel

Mütze

pet

Kleiderbügel

kapstok

Hut

hoed

Krawatte

das

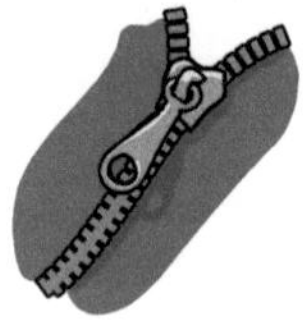

Reißverschluss

rits

Helm

helm

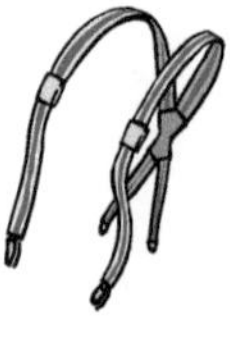

Hosenträger

bretellen

Schuluniform

schooluniform

Uniform

uniform

Lätzchen

slabbetje

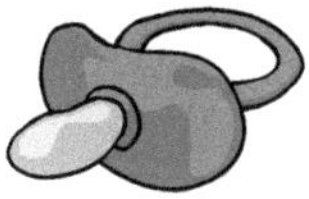

Schnuller

fopspeen

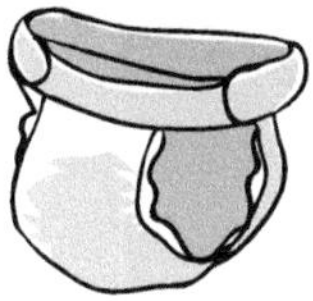

Windel

luier

Büro
kantoor

Server
server
Aktenschrank
dossierkast
Drucker
printer
Papier
papier
Monitor
monitor
Maus
muis
Schreibtisch
bureau
Ordner
map
Tastatur
toestenbord
Papierkorb
papiermand
Computer
computer
Sessel
stoel

Kaffeebecher

koffiemok

Taschenrechner

rekenmachine

Internet

internet

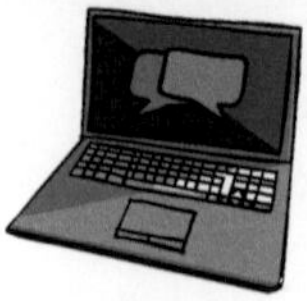

Laptop

laptop

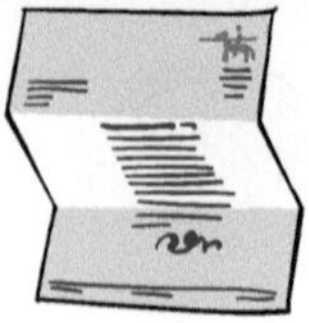

Brief

brief

1

Nachricht

bericht

Handy

gsm

Netzwerk

netwerk

Kopierer

kopieerapparaat

Software

software

Telefon

telefoon

Steckdose

stopcontact

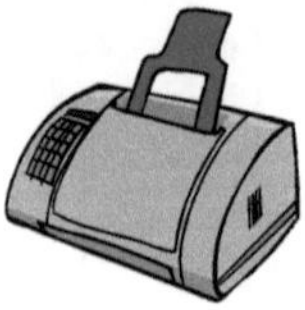

Fax

fax

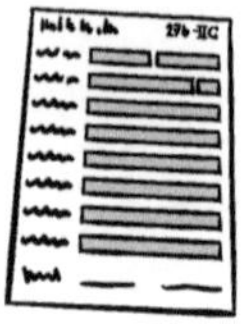

Formular

formulier

Dokument

document

Wirtschaft
economie

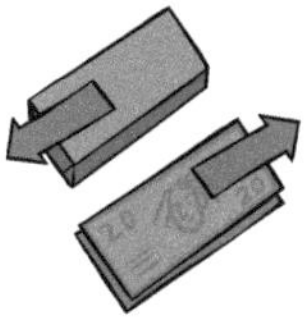

kaufen

kopen

bezahlen

betalen

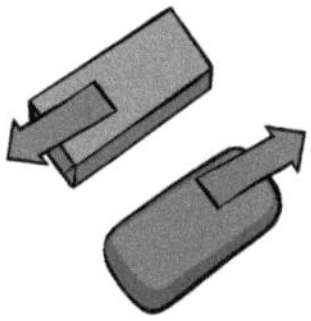

handeln

handelen

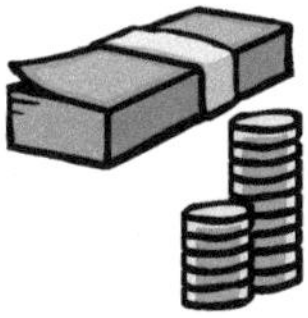

Geld

geld

USD

Dollar

dollar

EUR

Euro

euro

JPY

Yen

yen

RUB

Rubel

roebel

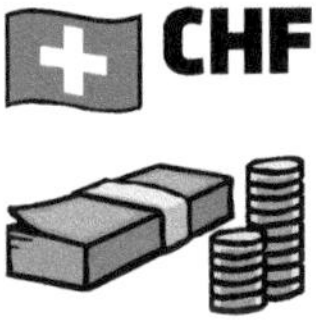
CHF

Franken

Zwitserse frank

CNY

Renminbi Yuan

Chinese renminbi

INR

Rupie

roepie

ATM

Bankomat

geldautomaat

Wechselstube

wisselkantoor

Gold

goud

Silber

zilver

Öl

olie

Energie

energie

36€

Preis

prijs

Vertrag

contract

Steuer

belasting

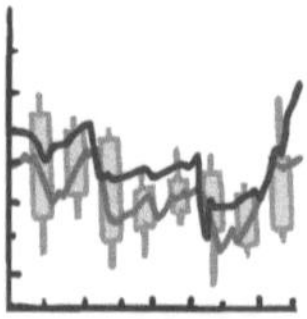

Aktie

aandeel

arbeiten

werken

Angestellte

werknemer

Arbeitgeber

werkgever

Fabrik

fabriek

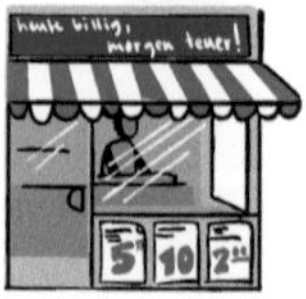
heute billig,
morgen teuer!

Geschäft

winkel

Berufe
beroepen

Polizist
politieagent
Feuerwehrmann
brandweerman
Koch
kok
Ärztin
dokter
Pilot
piloot

Gärtner

tuinman

Tischler

timmerman

Schneiderin

naaister

Richter

rechter

Chemikerin

chemicus

Schauspieler

acteur

Busfahrer

buschauffeur

Taxifahrer

taxichauffeur

Fischer

visser

Putzfrau

schoonmaakster

Dachdecker

dakdekker

Kellner

ober

Jäger

jager

Maler

schilder

Bäcker

bakker

Elektriker

elektricien

Bauarbeiter

bouwvakker

Ingenieur

ingenieur

Schlachter

slager

Installateur

loodgieter

Briefträgerin

postbode

Soldat

soldaat

Architekt

architect

Kassiererin

kassier

Blumenhändlerin

bloemist

Friseur

kapper

Schaffner

conducteur

Mechaniker

mecanicien

Kapitän

kapitein

Zahnärztin

tandarts

Wissenschaftler

wetenschapper

Rabbi

rabbijn

Imam

imam

Mönch

monnik

Pfarrer

geestelijke

Werkzeuge
werktuigen

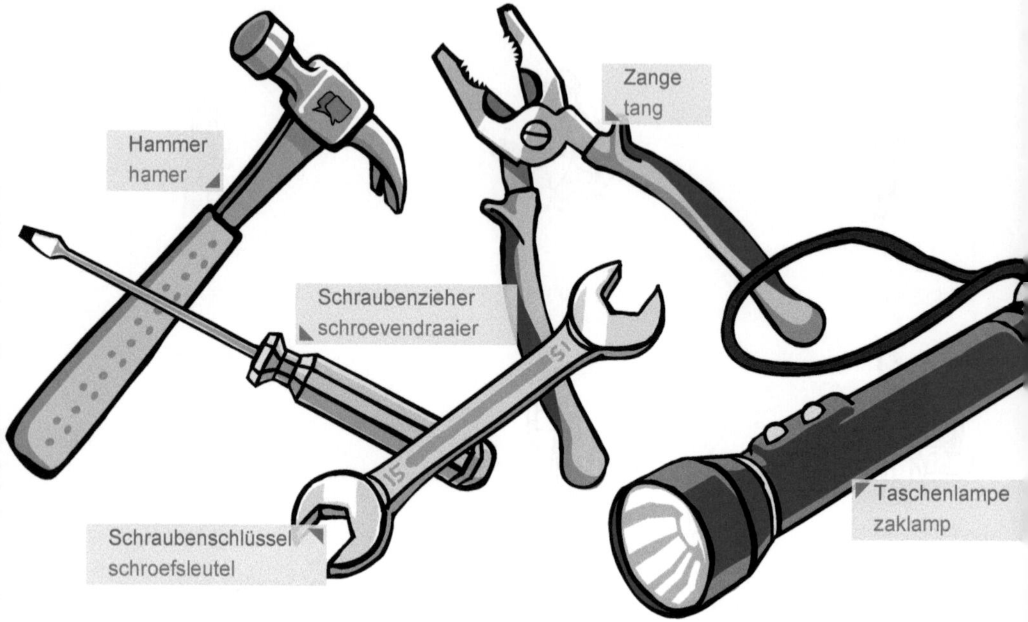
Zange
tang
Hammer
hamer
Schraubenzieher
schroevendraaier
Schraubenschlüssel
schroefsleutel
Taschenlampe
zaklamp

Bagger

graafmachine

Werkzeugkasten

gereedschapskoffer

Leiter

ladder

Säge

zaag

Nägel

spijkers

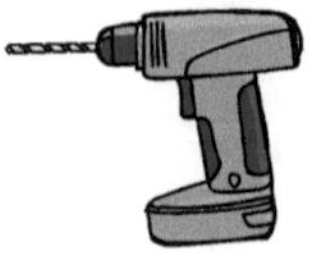

Bohrer

boormachine

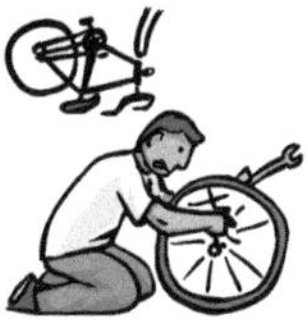

reparieren

repareren

Schaufel

schop

Scheiße!

Verdomme!

Kehrschaufel

blik

Farbtopf

verfpot

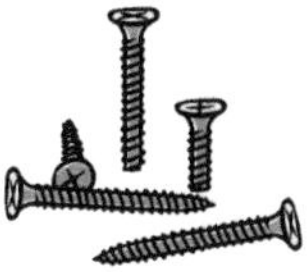

Schrauben

schroeven

Musikinstrumente

muziekinstrumenten

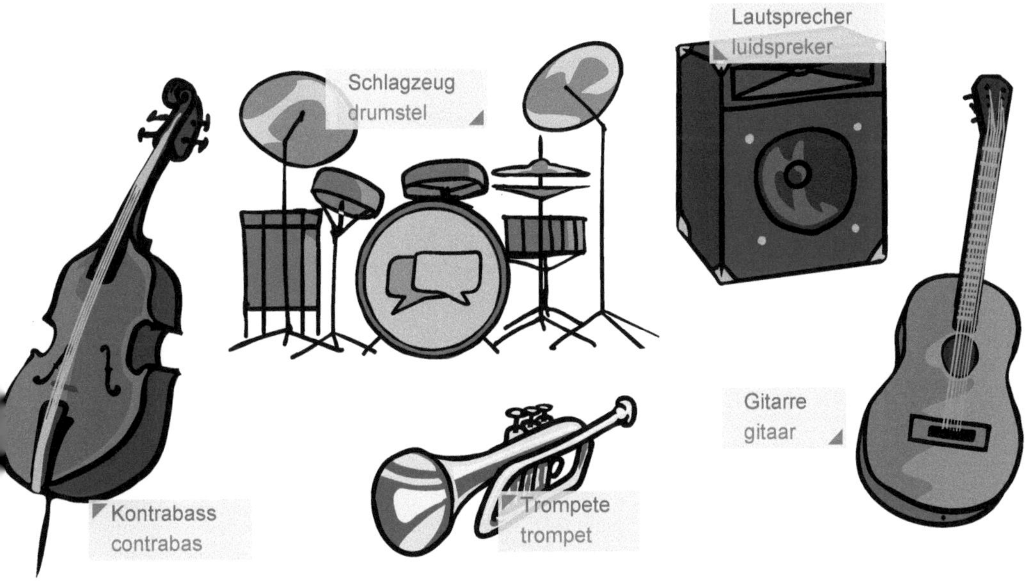
Lautsprecher
luidspreker
Schlagzeug
drumstel
Gitarre
gitaar
Kontrabass
contrabas
Trompete
trompet

Klavier

piano

Violine

viool

Bass

basgitaar

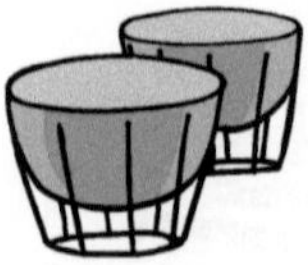

Pauke

pauk

Trommeln

trommels

Tastatur

keyboard

Saxophon

saxofoon

Flöte

fluit

Mikrofon

microfoon

Zoo

zoo

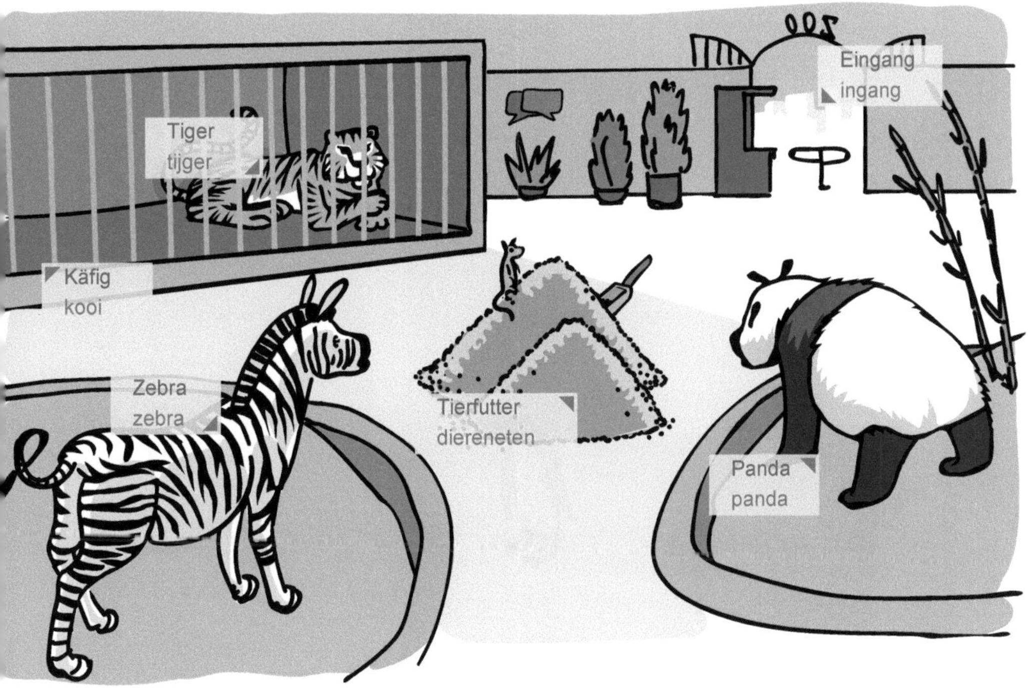

Tiger
tijger
Käfig
kooi
Zebra
zebra
Tierfutter
diereneten
Eingang
ingang
Panda
panda

Tiere

dieren

Elefant

olifant

Känguru

kangoeroe

Nashorn

neushoorn

Gorilla

gorilla

Bär

beer

Kamel

kameel

Strauß

struisvogel

Löwe

leeuw

Affe

aap

Flamingo

flamingo

Papagei

papegaai

Eisbär

ijsbeer

Pinguin

pinguïn

Hai

haai

Pfau

pauw

Schlange

slang

Krokodil

krokodil

Zoowärter

dierenverzorger

Robbe

zeehond

Jaguar

jaguar

Pony

pony

Leopard

luipaard

Nilpferd

nijlpaard

Giraffe

giraffe

Adler

adelaar

Wildschwein

wild zwijn

Fisch

vis

Schildkröte

zeeschildpad

Walross

walrus

Fuchs

vos

Gazelle

gazelle

Sport

sporten

American Football
rugby
Radfahren
wielrennen
Tennis
tennis
Basketball
basketbal
Schwimmen
zwemmen
Eishockey
ijshockey
Boxen
boksen

Fußball

voetbal

Badminton

badminton

Leichtathletik

atletiek

Handball

handbal

Skifahren

skiën

Polo

polo

Aktivitäten
activiteiten

lachen
lachen
springen
springen
umarmen
knuffelen
gehen
wandelen
singen
zingen
träumen
dromen
beten
bidden
küssen
kussen

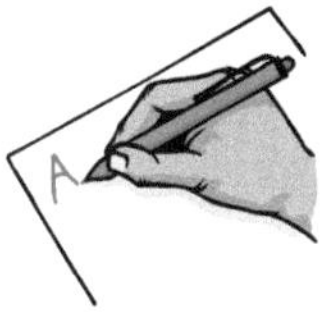

schreiben

schrijven

zeichnen

tekenen

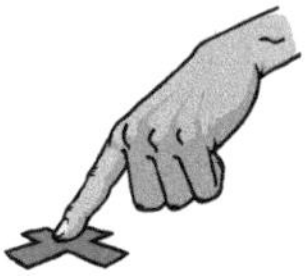

zeigen

tonen

drücken

duwen

geben

geven

nehmen

nemen

haben

hebben

machen

doen

sein

zijn

stehen

staan

laufen

lopen

ziehen

trekken

werfen

gooien

fallen

vallen

liegen

liggen

warten

wachten

tragen

dragen

sitzen

zitten

anziehen

aankleden

schlafen

slapen

aufwachen

ontwaken

ansehen

kijken naar

weinen

wenen

streicheln

aaien

frisieren

kammen

reden

praten

verstehen

begrijpen

?

fragen

vragen

hören

luisteren

trinken

drinken

essen

eten

zusammenräumen

opruimen

lieben

houden van

kochen

koken

fahren

rijden

fliegen

vliegen

segeln

zeilen

42

rechnen

rekenen

lesen

Lezen

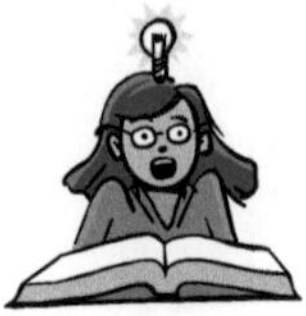

lernen

leren

arbeiten

werken

heiraten

trouwen

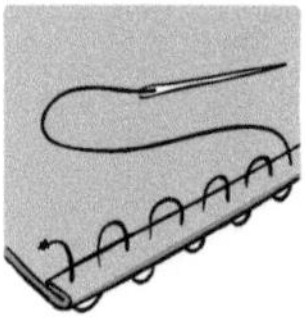

nähen

naaien

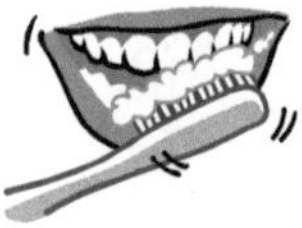

Zähne putzen

tandenpoetsen

töten

doden

rauchen

roken

senden

sturen

Familie
familie

Großmutter
grootmoeder
Großvater
grootvader
Vater
vader
Mutter
moeder
Baby
baby
Tochter
dochter
Sohn
zoon

Gast

gast

Tante

tante

Onkel

oom

Bruder

broer

Schwester

zus

Körper
lichaam

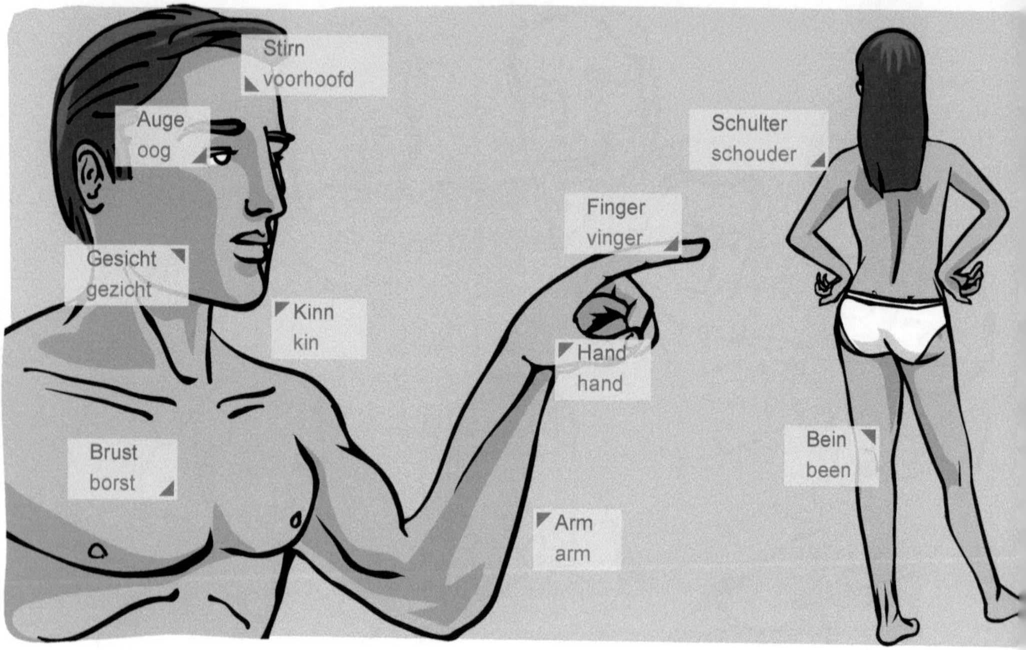
Stirn
voorhoofd
Auge
oog
Schulter
schouder
Finger
vinger
Gesicht
gezicht
Kinn
kin
Hand
hand
Bein
been
Brust
borst
Arm
arm

Baby
baby

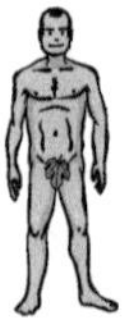
Mann
man

Frau
vrouw

Mädchen
meisje

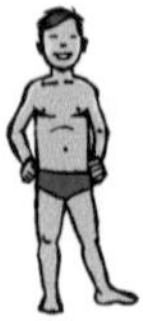
Junge
jongen

Kopf
hoofd

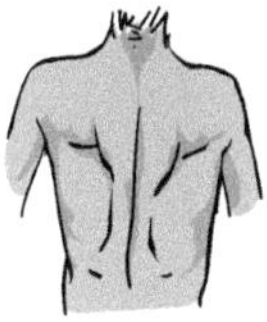

Rücken

rug

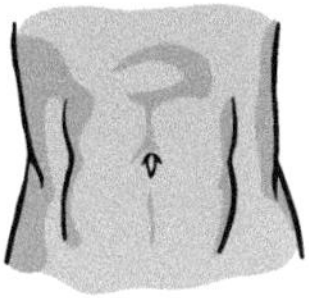

Bauch

buik

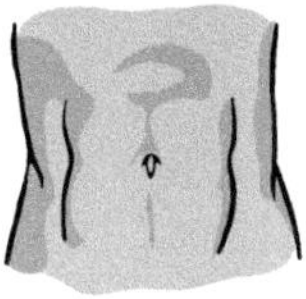

Nabel

navel

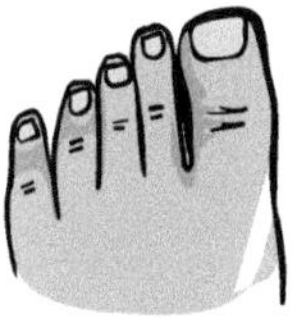

Zeh

teen

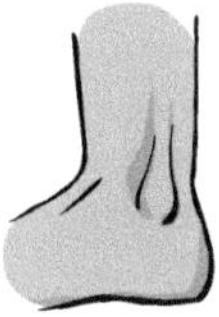

Ferse

hiel

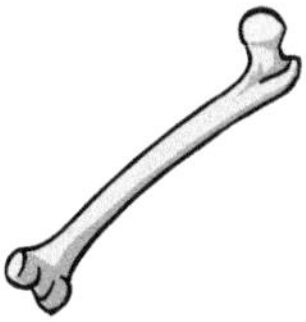

Knochen

bot

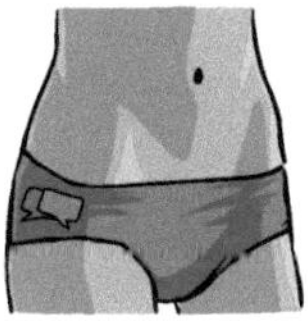

Hüfte

heup

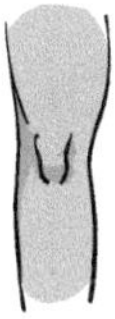

Knie

knie

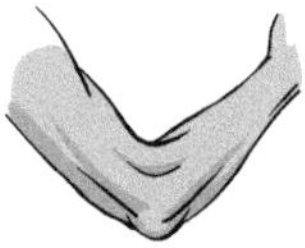

Ellbogen

elleboog

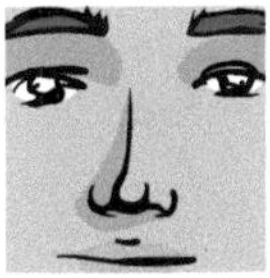

Nase

neus

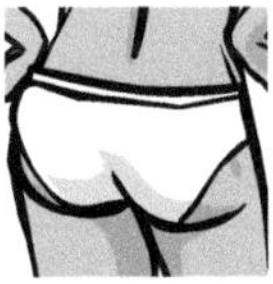

Gesäß

zitvlak

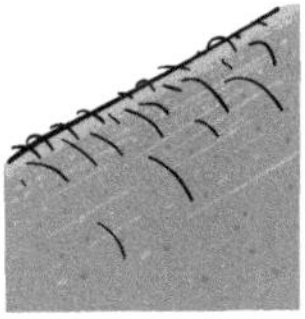

Haut

huid

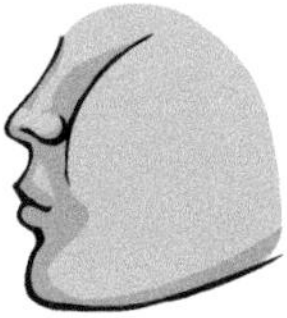

Wange

wang

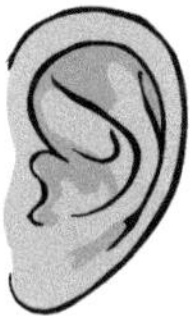

Ohr

oor

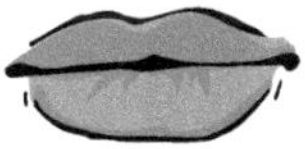

Lippe

lip

Mund

mond

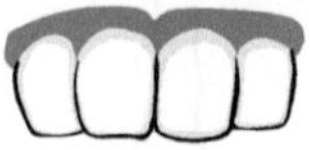

Zahn

tand

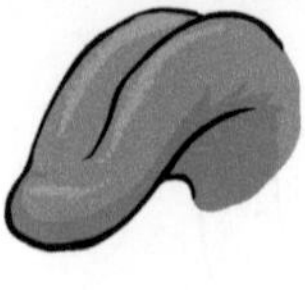

Zunge

tong

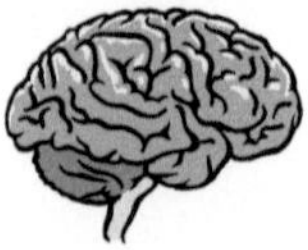

Gehirn

hersenen

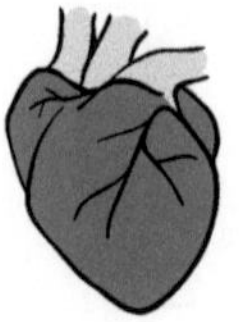

Herz

hart

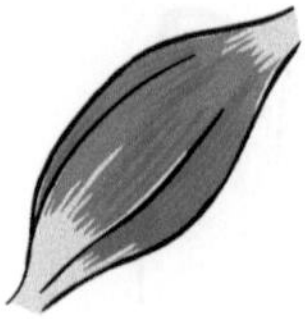

Muskel

spier

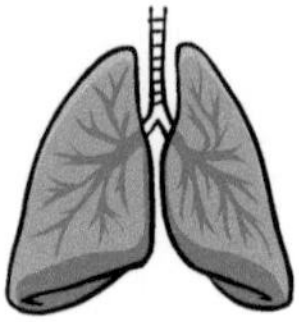

Lunge

long

Leber

lever

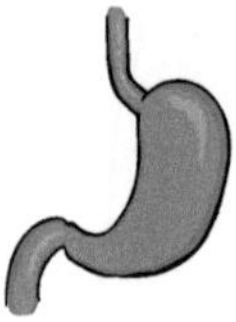

Magen

maag

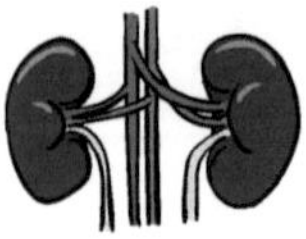

Nieren

nieren

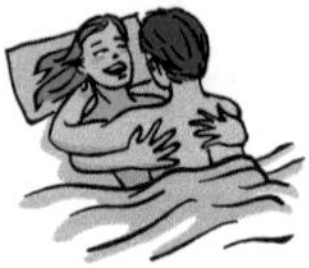

Geschlechtsverkehr

seks

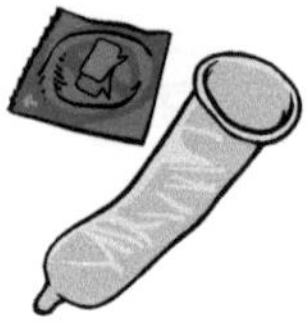

Kondom

condoom

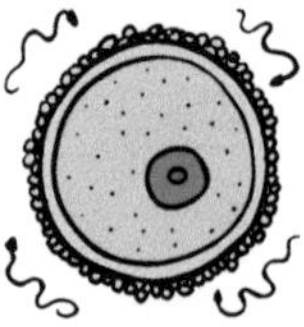

Eizelle

eicel

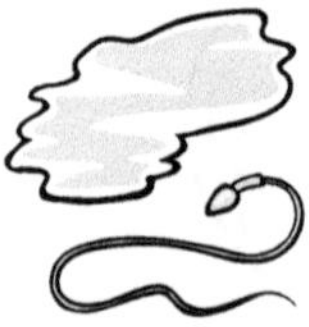

Sperma

sperma

Schwangerschaft

zwangerschap

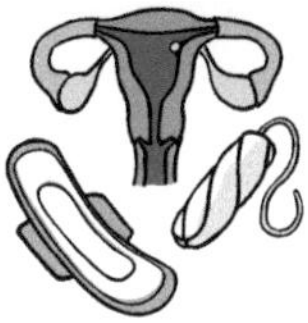

Menstruation

menstruatie

Vagina

vagina

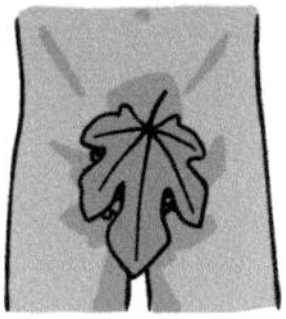

Penis

penis

Augenbraue

wenkbrauw

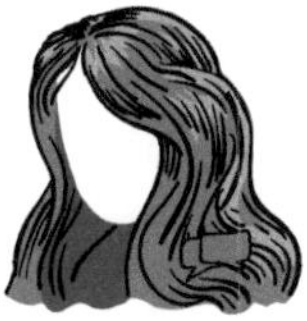

Haar

haar

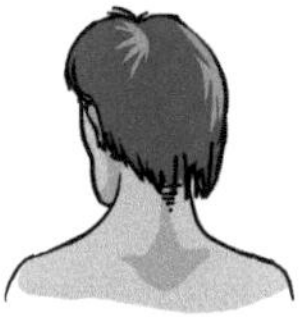

Hals

nek

Spital

ziekenhuis

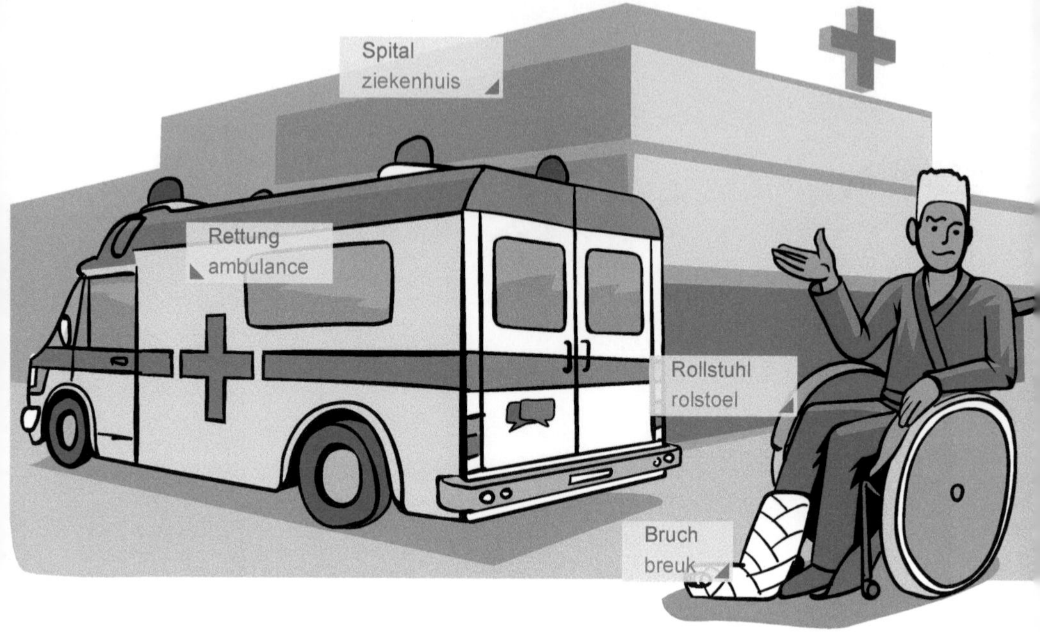
Spital
ziekenhuis
Rettung
ambulance
Rollstuhl
rolstoel
Bruch
breuk

Ärztin

dokter

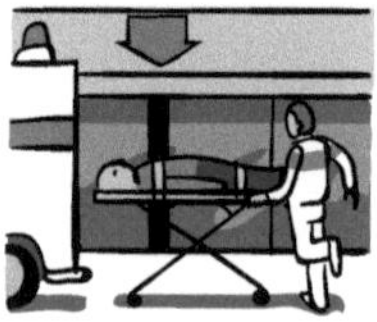

Notaufnahme

spoed

Krankenschwester

verpleegkundige

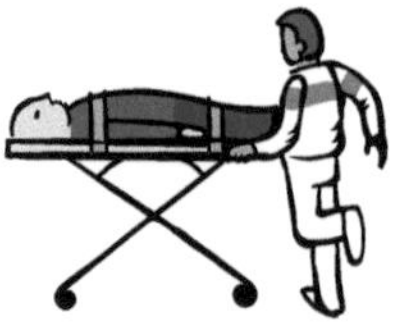

Notfall

noodgeval

ohnmächtig

bewusteloos

Schmerz

pijn

Verletzung

verwonding

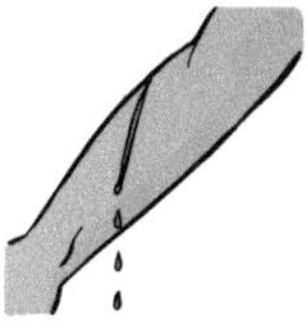

Blutung

bloeding

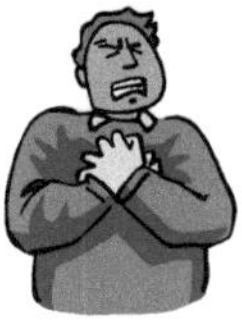

Herzinfarkt

hartaanval

Schlaganfall

beroerte

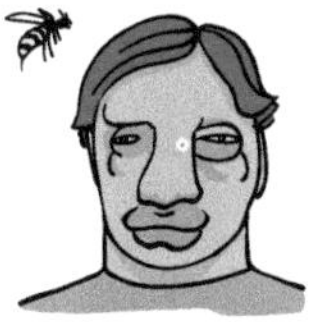

Allergie

allergie

Husten

hoest

Fieber

koorts

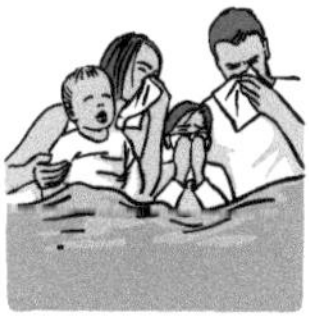

Grippe

griep

Durchfall

diarree

Kopfschmerzen

hoofdpijn

Krebs

kanker

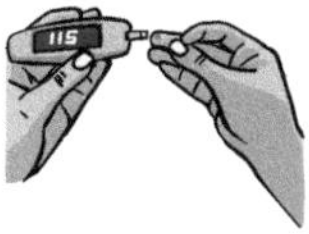

115

Diabetes

diabetes

Chirurg

chirurg

Skalpell

scalpel

Operation

operatie

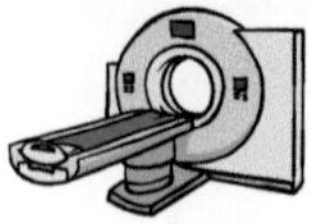

CT

CT

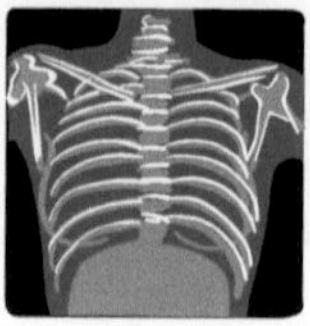

Röntgen

röntgenstraal

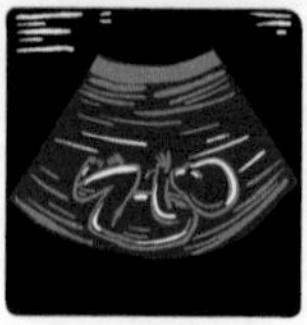

Ultraschall

ultrageluid

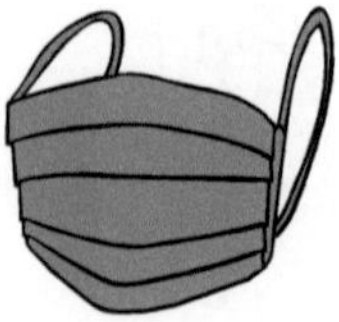

Maske

gezichtsmasker

Krankheit

ziekte

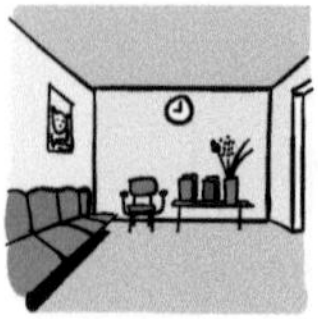

Wartezimmer

wachtkamer

Krücke

kruk

Pflaster

pleister

Verband

verband

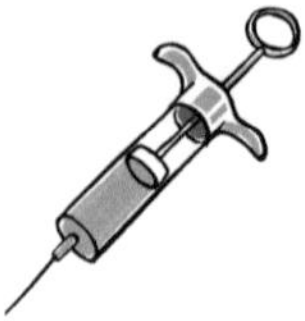

Injektion

injectie

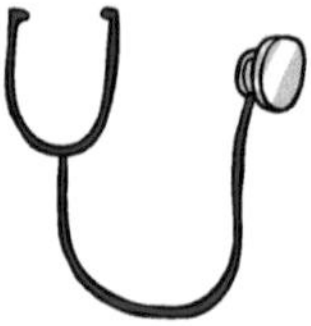

Stethoskop

stethoscoop

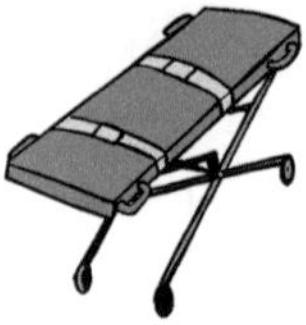

Trage

brancard

Thermometer

thermometer

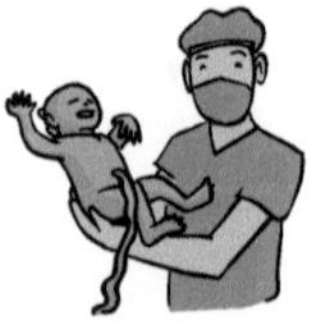

Geburt

geboorte

Übergewicht

overgewicht

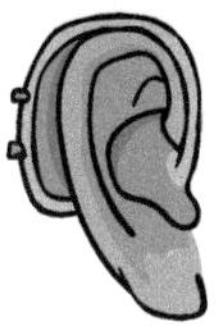

Hörgerät

hoorapparaat

Desinfektionsmittel

ontsmettingsmiddel

Infektion

infectie

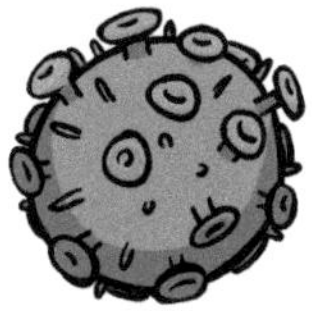

Virus

virus

HIV / AIDS

HIV / AIDS

Medizin

medicijn

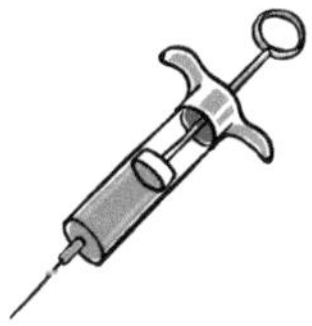

Impfung

vaccinatie

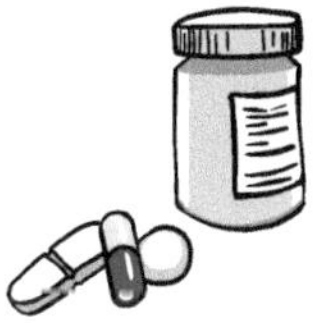

Tabletten

tabletten

Pille

pil

Notruf

noodoproep

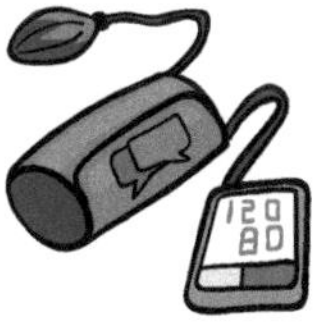
120
80

Blutdruckmesser

bloeddrukmeter

krank / gesund

ziek / gezond

Notfall
noodgeval

Hilfe!

Help!

Alarm

alarm

Überfall

overval

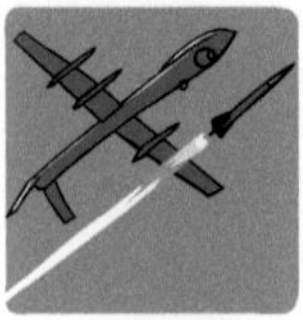

Angriff

aanval

Gefahr

gevaar

Notausgang

nooduitgang

Feuer!

Brand!

Feuerlöscher

brandblusser

Unfall

ongeval

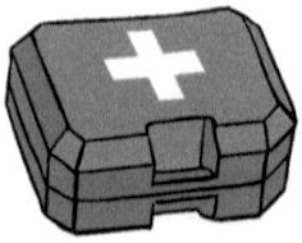

Erste-Hilfe-Koffer

EHBO-kit

SOS

SOS

SOS

Polizei

politie

Erde
aarde

Europa

Europa

Nordamerika

Noord-Amerika

Südamerika

Zuid-Amerika

Afrika

Afrika

Asien

Azië

Australien

Australië

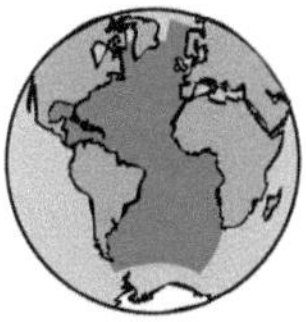

Atlantik

Atlantische Oceaan

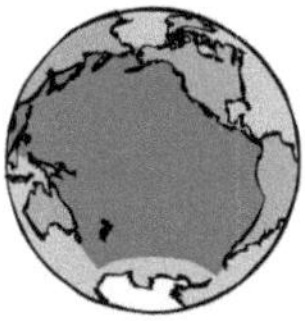

Pazifik

Stille Oceaan

Indische Ozean

Indische Oceaan

Antarktische Ozean

Antarctische Oceaan

Arktische Ozean

Arctische Oceaan

Nordpol

Noordpool

Südpol

Zuidpool

Antarktis

Antarctica

Erde

aarde

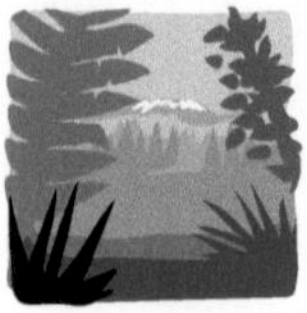

Land

land

Meer

zee

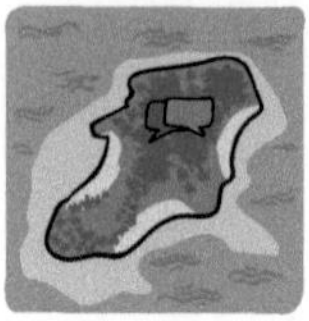

Insel

eiland

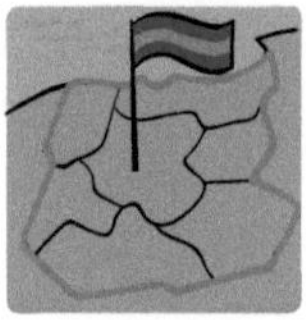

Nation

natie

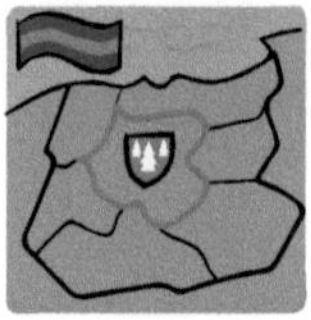

Staat

staat

Uhr
klok

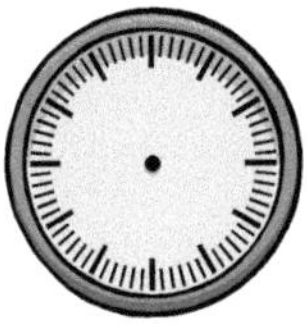

Ziffernblatt

wijzerplaat

Stundenzeiger

uurwijzer

Minutenzeiger

minuutwijzer

Sekundenzeiger

secondewijzer

Wie spät ist es?

Hoe laat is het?

Tag

dag

Zeit

tijd

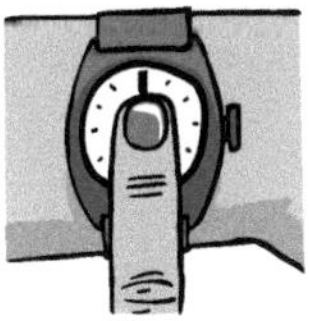

jetzt

nu

Digitaluhr

digitale horloge

Minute

minuut

Stunde

uur

Woche

week

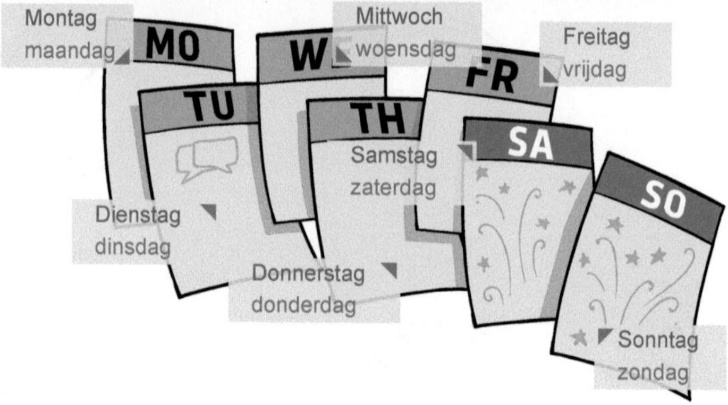

Montag
maandag
MO
Mittwoch
woensdag
W
Freitag
vrijdag
FR
TU
TH
SA
SO
Dienstag
dinsdag
Donnerstag
donderdag
Samstag
zaterdag
Sonntag
zondag

TUE
MON
1

gestern

gisteren

TUE
2

heute

vandaag

TUE
3

morgen

morgen

Morgen

ochtend

Mittag

middag

Abend

avond

MO TU WE TH FR SA SU
1 2 3 4 5 6 7
8 9 10 11 12 13 14
15 16 17 18 19 20 21
22 23 24 25 26 27 28
29 30 31 1 2 3 4

Arbeitstage

werkdagen

MO TU WE TH FR SA SU
1 2 3 4 5 6 7
8 9 10 11 12 13 14
15 16 17 18 19 20 21
22 23 24 25 26 27 28
29 30 31 1 2 3 4

Wochenende

weekend

Jahr
jaar

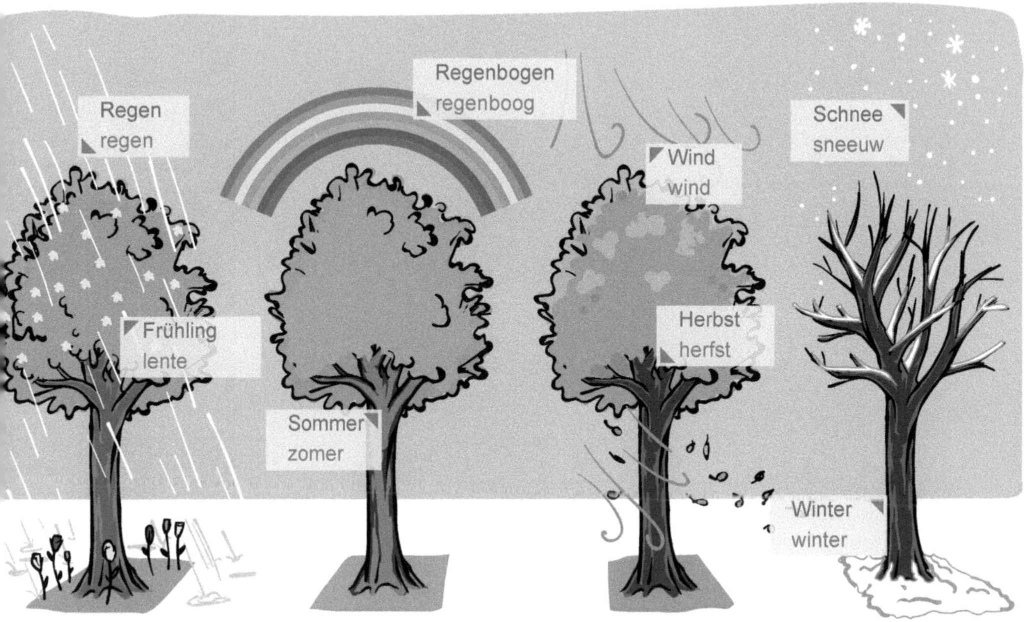
Regen
regen
Regenbogen
regenboog
Schnee
sneeuw
Wind
wind
Frühling
lente
Herbst
herfst
Sommer
zomer
Winter
winter

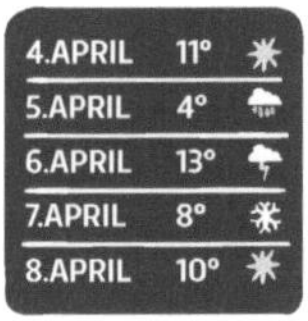
4.APRIL 11°
5.APRIL 4°
6.APRIL 13°
7.APRIL 8°
8.APRIL 10°

Wettervorhersage

weervoorspelling

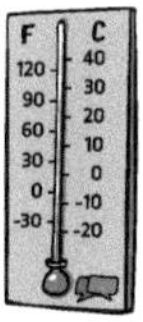
F C
120 40
90 30
60 20
30 10
0 0
-30 -10
-20

Thermometer

thermometer

Sonnenschein

zonneschijn

Wolke

wolk

Nebel

mist

Luftfeuchtigkeit

vochtigheid

Blitz

bliksem

Donner

donder

Sturm

storm

Hagel

hagel

Monsun

moesson

Flut

overstroming

Eis

ijs

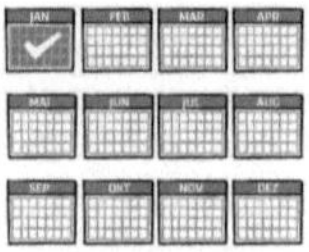

Jänner

januari

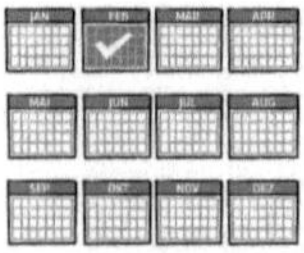

Februar

februari

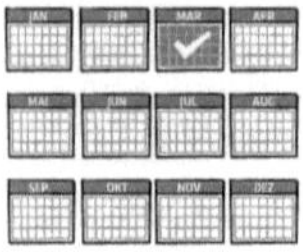

März

maart

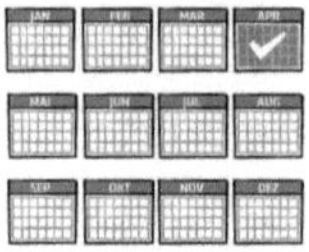

April

april

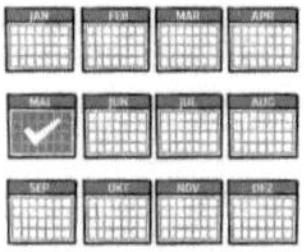

Mai

mei

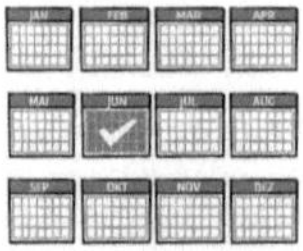

Juni

juni

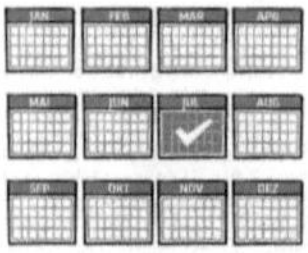

Juli

juli

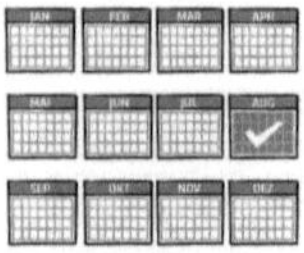

August

augustus

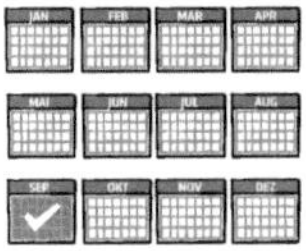

September

september

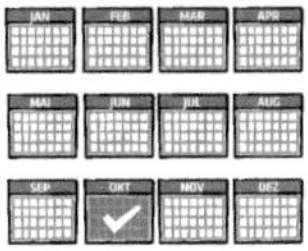

Oktober

oktober

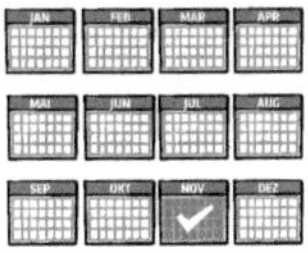

November

november

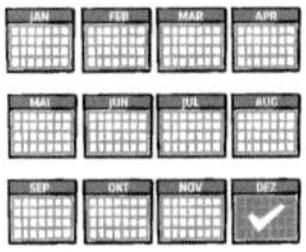

Dezember

december

Formen

vormen

Kreis

cirkel

Quadrat

kwadraat

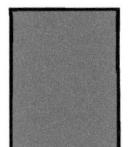

Rechteck

rechthoek

Dreieck

driehoek

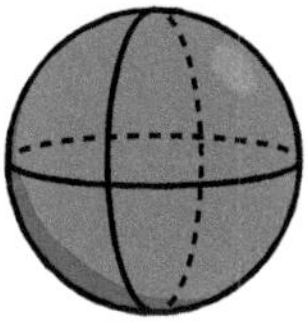

Kugel

bol

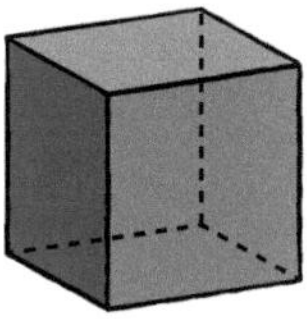

Würfel

kubus

Farben

kleuren

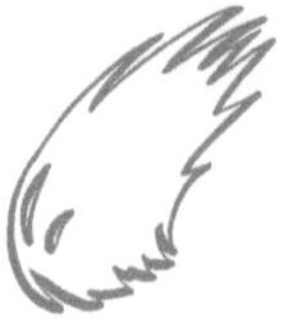

weiß

wit

gelb

geel

orange

oranje

pink

roze

rot

rood

lila

paars

blau

blauw

grün

groen

braun

bruin

grau

grijs

schwarz

zwart

Gegenteile
tegengestelden

viel / wenig

veel / weinig

wütend / friedlich

boos / kalm

hübsch / hässlich

mooi / lelijk

Anfang / Ende

begin / einde

groß / klein

groot / klein

hell / dunkel

licht / donker

Bruder / Schwester

broer / zus

sauber / schmutzig

proper / vuil

vollständig / unvollständig

volledig / onvolledig

Tag / Nacht

dag / nacht

tot / lebendig

dood / levend

breit / schmal

breed / smal

genießbar / ungenießbar

eetbaar / oneetbaar

böse / freundlich

kwaadaardig / vriendelijk

aufgeregt / gelangweilt

opgewonden / verveeld

dick / dünn

dik / dun

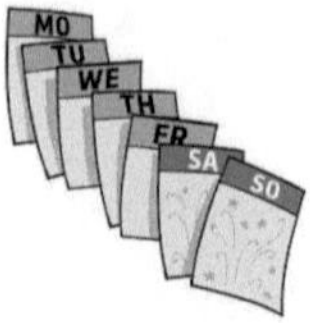
MO
TU
WE
TH
FR
SA
SO

zuerst / zuletzt

eerst / laatst

Freund / Feind

vriend / vijand

voll / leer

vol / leeg

hart / weich

hard / zacht

schwer / leicht

zwaar / licht

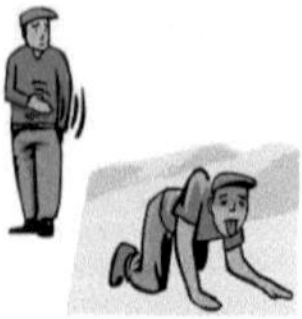

Hunger / Durst

honger / dorst

krank / gesund

ziek / gezond

illegal / legal

illegaal / legaal

gescheit / dumm

intelligent / dom

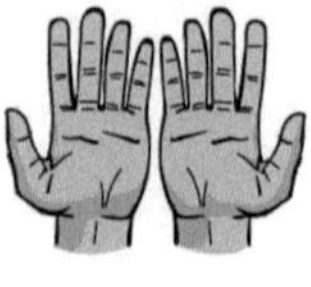

links / rechts

links / rechts

nah / fern

dichtbij / veraf

neu / gebraucht

nieuw / gebruikt

nichts / etwas

niets / iets

alt / jung

oud / jong

an / aus

aan / uit

offen / geschlossen

open / dicht

leise / laut

stil / luid

reich / arm

rijk / arm

richtig / falsch

juist / fout

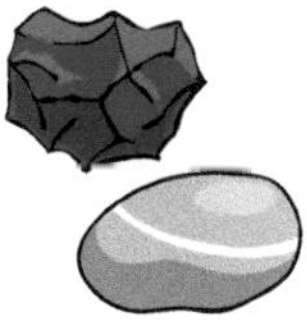

rau / glatt

ruw / glad

traurig / glücklich

droevig / blij

kurz / lang

kort / lang

langsam / schnell

traag / snel

nass / trocken

nat / droog

warm / kühl

warm / koud

Krieg / Frieden

oorlog / vrede

Zahlen
cijfers

0	**1**	**2**
null	eins	zwei
nul	één	twee
3	**4**	**5**
drei	vier	fünf
drie	vier	vijf
6	**7**	**8**
sechs	sieben	acht
zes	zeven	acht
9	**10**	**11**
neun	zehn	elf
negen	tien	elf

12	**13**	**14**
zwölf twaalf	dreizehn dertien	vierzehn veertien
15	**16**	**17**
fünfzehn vijftien	sechzehn zestien	siebzehn zeventien
18	**19**	**20**
achtzehn achtien	neunzehn negentien	zwanzig twintig
100	**1.000**	**1.000.000**
hundert honderd	tausend duizend	Million miljoen

Sprachen
Talen

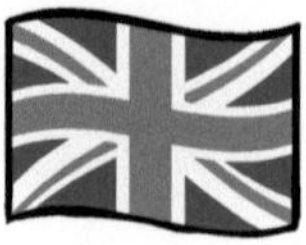

Englisch

Engels

Amerikanisches Englisch

Amerikaans Engels

Chinesisch (Mandarin)

Chinees (Mandarijn)

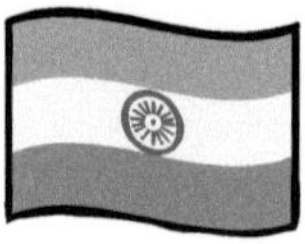

Hindi

Hindi

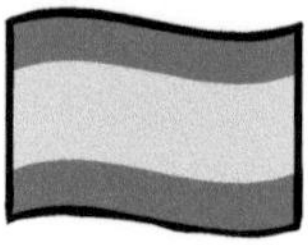

Spanisch

Spaans

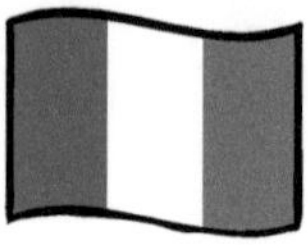

Französisch

Frans

Arabisch

Arabisch

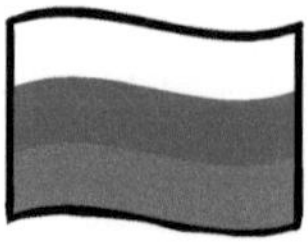

Russisch

Russisch

Portugiesisch

Portugees

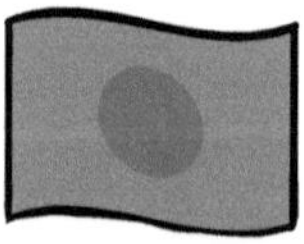

Bengalisch

Bengali

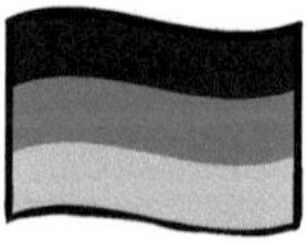

Deutsch

Duits

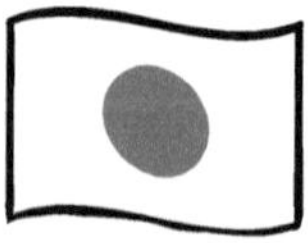

Japanisch

Japans

wer / was / wie
wie / wat / hoe

ich
ik

du
u

er / sie / es
hij / zij / het

wir
wij

ihr
u

sie
ze

Wer?
wie?

Was?
wat?

Wie?
hoe?

Wo?
waar?

Wann?
wanneer?

HELLO, I AM

Name
naam

wo

waar

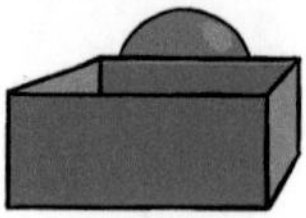

hinter

achter

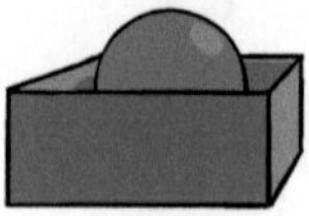

in

in

vor

voor

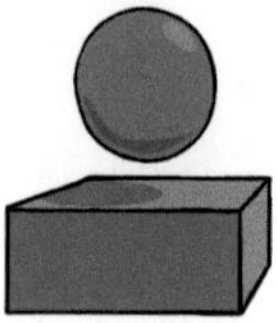

über

boven

auf

op

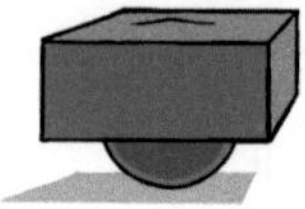

unter

onder

neben

naast

zwischen

tussen

Ort

plaats